Honderden vragen die je niet aan
de dokter durft te stellen

Vertaald door Lucie van Rooijen

Mark Leyner en Billy Goldberg

Honderden vragen die je niet aan de dokter durft te stellen

102.1

2006 Prometheus Amsterdam

Dit boek is opgedragen aan al die bijzondere dokters die
ons hebben geïnspireerd:

Dr. Marcus Welby, Dr. Dre, Dr. Seuss, Dr. Cliff Huxtable,
Dr. J, Dr. Scholl's, Dr. Phil, Dr. Pepper, Dr. Strangelove,
Doc Baker, Dr. Who, Dr. Doolittle, Dr. Johnny Fever,
Doc Gooden, Dr. Moreau, Dr. Jekyll, Dr. John Rooney,
Dr. Kildare, Dr. Hibbert, Dr. No, Dr. Zhivago, Dr. Ruth,
Dr. Evil, Dr. Joyce Brothers, Dr. Ben Casey, Doc Holliday,
Dr. Doogie Howser en de vechtdokter, Ferdie Pacheo.

1 9 SEP. 2007

Oorspronkelijke titel *Why Do Men Have Nipples? Hundreds of
Questions You'd Only Ask a Doctor after Your Third Martini*
© 2005 Mark Leyner en Billy Goldberg
© 2006 Nederlandse vertaling Uitgeverij Prometheus en
Lucie van Rooijen
Omslagontwerp Bloemendaal & Dekkers
Omslagillustratie Getty Images
www.uitgeverijprometheus.nl
ISBN 90 446 0874 6

Inhoud

6 Onderbroekenlol · 108

Woord vooraf

BILLY GOLDBERG: hoe hebben Mark Leyner en ik elkaar leren kennen en zijn we begonnen aan dit heroïsche project, *Honderden vragen die je niet aan de dokter durft te stellen?*

Dat is een lang en wonderbaarlijk verhaal, een waar Don Quichot-avontuur, een queeste van twee vrienden in hun poging een vrijwel onmogelijke taak te volbrengen. We vormen een onwaarschijnlijk paar. Ik werk als arts op de afdeling spoedeisende hulp in een New Yorks ziekenhuis. Mark is een succesvol roman- en scenarioschrijver. Niet bepaald een ideale literaire combinatie, maar onze paden kruisten elkaar en de rest is geschiedenis...

Het begon allemaal op een kille, stormachtige avond op de drukke eerstehulpafdeling van een New Yorks ziekenhuis. Ik zat er al jaren over te denken om dit boek te schrijven. Ik had vragen verzameld en nagedacht over antwoorden, maar was nooit begonnen aan de hachelijke onderneming het ook echt op te schrijven. Ik was net aangetrokken als medisch adviseur voor de medische dramaproductie *Wonderland* van ABC. Deze korte, realistische dramaserie was gebaseerd op het dagelijks leven op een psychiatrische eerstehulpafdeling en de psychiatrische afdeling van een gevangenis. Er kwam een EH-personage in de serie voor en ik was aangetrokken om zorg te dragen voor de medische kant van de afdeling spoedeisende hulp in de serie. Ik moest de scriptschrijvers inwijden in onze chaotische wereld. De meeste film- en tv-schrijvers wisten totaal niet hoe het er in een echt ziekenhuis aan toegaat en schrokken van de gecontroleerde chaos en al het bloed op de eerstehulp-afdeling en mijn wereld van wetenschap en menselijk lijden.

Van een van de producenten had ik gehoord dat ik die dag bezoek zou krijgen van ene Mark Leyner. Hoewel ik mezelf als een groot lezer beschouw, had ik nog nooit gehoord van deze dionysische postmoderne superheld (Marks eigen bewoordingen). Een snelle zoektocht op Google wees uit dat hij heel wat romans had geschreven, waarvan één de titel *My Cousin, My Gastroenterologist* [Mijn neef, mijn internist] had. Ik ontdekte ook dat hij een televisiepilot had geschreven voor MTV getiteld *Iggy Vile, MD* [Iggy Onverlaat, arts]. Ik wist totaal niet wat me te wachten stond, maar mijn nieuwsgierigheid was gewekt.

Die avond zat ik aan het bed van een patiënt om een co-assistent te helpen met het inbrengen van een neussonde toen de verpleegster me kwam vertellen dat er iemand voor me was. Ik trok mijn handschoenen uit, deed het gordijn opzij en daar stond Leyner. Niets in mijn medische carrière had me kunnen voorbereiden op de figuur met wie ik kennis zou maken. Hij had de zwaar gespierde torso van een Bulgaarse gewichtheffer en de sentimentele aanstellerigheid van een bakvis. Hij stond tegen niemand in het bijzonder te kletsen en at onderwijl handenvol M&M's uit een papieren zak. Het werd me al snel duidelijk dat Leyner anders was dan de andere tv-schrijvers die ik had ontmoet. Hij was een autodidact op medisch gebied en beschikte over een onwaarschijnlijk bizar en encyclopedisch arsenaal aan geheime medische weetjes. Binnen vijf minuten had Leyner me bijgepraat over de farmacokinetiek van doornappel, op Fiji een volksremedie tegen kannibalistische indigestie, de geschiedenis van 'een stijve grote teen' en kruisschimmel en de onverklaarbare gangbaarheid van extra testikels in Wilkes-Barre, Pennsylvania.

Het was duidelijk dat me een interessante avond te wachten stond.

Terwijl ik mijn ronde deed met Leyner in mijn kielzog was de eerste patiënt die binnenkwam een 'ELP'. Dat is de term die we gebruiken voor een emotioneel labiele patiënt. Hij was verschrikkelijk opgewonden en een stuk of tien potige EH-verpleegkundigen en politieagenten konden hem ternauwernood op een brancard houden. Mark en ik liepen er snel naartoe en zagen hem met wijd open ogen psychotische wartaal uitslaan. Hij riep in het Spaans en Engels: 'Ik ben Superman, *motherfucker*. Ik wil Jimmy Olsen spreken. Ik ben sneller dan een vliegende kogel, sterker dan een locomotief.' Ik liep naar het bed, van plan een infuus aan te leggen en Superman tot bedaren te brengen. Hij begon weer te schreeuwen: 'Ik ben Superman, godverdomme, jullie medicijnen werken toch niet bij mij.' Leyner, die het hele gebeuren kalm en met zakelijke objectiviteit had gadegeslagen, stopte wat M&M's in zijn mond en deed een verbijsterend voorstel. 'Geef hem kryptonite.' Ik weet dat hoe vaker je een verhaal vertelt, hoe mooier het wordt, maar ik kan me herinneren dat de patiënt van die woorden zo kalmeerde dat we het infuus konden aanbrengen en hem in bedwang kregen.

Ook de rest van die avond was een eigenaardige mix van bizarre en ontroerende gebeurtenissen, en toen mijn dienst erop zat ging ik naar huis met het gevoel dat deze merkwaardige, kleine man op een of andere manier een belangrijke rol zou gaan spelen in mijn leven.

MARK LEYNER: hoewel ik afstam van een oud geslacht van advocaten (en in deze samenleving zijn advocaten en artsen net zoiets als oorlogvoerende facties in de Balkan) heeft de medische wetenschap me altijd grenzeloos gefascineerd. Terwijl de meeste jongens een abonnement hadden op *Sports Illustrated* of *Boy's Life*, zat ik altijd vol ongeduld te wachten tot de postbode de *Annals of Gastrointestinal Surgery* [Tijdschrift voor Interne Chirurgie] en de *Journal of the American Society of Investigative Pathology* [Tijdschrift van de Amerikaanse Vereniging voor Geneeskundig Onderzoek] bezorgde. De meeste kinderen smeekten hun ouders om een uitje naar Disneyworld. Ik wist de mijne elk jaar over te halen om met me naar het Mütter Museum in Philadelphia te gaan, waar 's lands fraaiste collectie medische rariteiten te bewonderen is, waaronder de vergroeide foetussen van een vijfling in formaldehyde en de geconserveerde resten van de langste dikke darm ter wereld. Ik heb serieus overwogen om dokter te worden, totdat ik naar de Brandeis Universiteit ging. Daar stond ik oog in oog met de toekomstige artsen van Amerika. Een stel jengelende, slijmende, gewetenloze, ziekelijk neurotische geneeskundestudenten. Maar dat betekende nog niet het einde van mijn fascinatie – het werd zelfs mijn geheime wereld, die resulteerde in mijn eerste roman, getiteld *My Cousin, My Gastroenterologist*.

Ik denk dan ook dat mijn obsessieve neiging om medische details te verwerken in al mijn latere boeken en een script dat ik schreef voor MTV getiteld *Iggy Vile*, MD (over een chirurg in de gedaante van een bier zuipende voetbalvandalist) de reden is waarom Peter Berg me vroeg als schrijver voor zijn nieuwe ziekenhuisdrama *Wonderland*. Ik was net begonnen aan mijn eerste script voor *Wonderland* toen Peter me op een avond belde met lyrische verhalen over een man die op de eerste hulp werkte, ene Billy Goldberg. Ik nam het allemaal met een korreltje zout en verwachtte een volwassen versie van de Brandeis-studenten, maar ging hem toch opzoeken. Het zou een fantastische avond worden. Billy was totaal niet de slappe en tegelijkertijd opdringerige arts die ik had verwacht. Het was een openbaring. Wat ik die avond zag was krankjorum: een Chinese kok die met een hakmes in zijn hoofd was geslagen, een Russische vent die aan kwam zetten met zijn oor in een zakje ijs nadat zijn rottweiler het had afgebeten en natuurlijk Superman. Maar het kwam niet alleen door het voyeurisme. Van meet af aan klikte het helemaal tussen Billy en mij, en de manier waarop hij reageerde op de menselijke behoeftes van iedereen die hij in die chaotische en bizarre omgeving behandelde had iets ontwapenends.

BILLY: een paar dagen later kwam ik op het productiebureau van *Wonderland* en blijkbaar was mijn geloofwaardigheid enorm toegenomen. Leyner had in geuren en kleuren over die avond verteld en ik weet zeker dat hij zich daarbij van dichterlijke vrijheden had bediend. Ik werd voorgesteld aan een paar andere schrijvers die ik nog niet had ontmoet en zat bij ieder een poosje in hun weelderig ingerichte en georganiseerde kantoor om doorsnee medische vragen uit hun respectievelijke scripts te beantwoorden. De volgende halte was Leyner, en toen ik zijn kantoor binnenkwam, leek het wel een graftombe. Het vertrek was sober ingericht met weinig meubilair en er heerste een kloosterachtige sfeer. Leyner lag op zijn buik in een noodgang op zijn laptop te typen. Zonder me te begroeten keek hij op en zei: 'Vertel me alles wat je weet over het syndroom van Klüver-Bucy!' We kregen het over de klinische verschijnselen van deze zeldzame neurologische aandoening, waarbij mensen van alles in hun mond stoppen en ongepast seksueel gedrag vertonen – duidelijk een ziekte die onweerstaanbaar was voor iemand als Leyner.

Hoewel critici enthousiast waren, werd *Wonderland* na drie afleveringen van de buis gehaald. De hechte vriendschap tussen Leyner en mij bleef. We spraken elkaar over ons werk, en ik vond het vooral leuk om zijn scripts te lezen en van mijn schamele commentaar te voorzien. We besloten dat samenwerking op zijn plaats was en ontwikkelden gezamenlijk een aantal ideeën voor tv-pilots. Door samen te werken met Leyner kwam ik weer terug op mijn aloude idee om een boek te schrijven met een cocktail aan medische vragen. Mijn verzoek aan hem om aan dit boek mee te werken begroette Leyner met enthousiasme.

MARK: ik hoefde er maar heel even over na te denken en weet nog dat ik dacht: hé, ik kan een berg geld verdienen bijna zonder dat ik iets hoef te doen!

BILLY: het voelde alsof ik Mark de kans gaf om de dokter te worden die hij altijd had willen zijn. Ik vond dat hij er klaar voor was om een deel van de last van dit project op zich te nemen, en wat u zult lezen is het resultaat van al ons, nou ja, eigenlijk eerder míjn harde werk.

Veel plezier.

Inleiding

Als je op een feestje bent, vraagt er altijd wel iemand wat je voor de kost doet. En als je dan zegt dat je dokter bent, begint het hele circus.

Al snel sta je iemands moedervlek te bekijken, geef je advies over de pijnlijke winderigheid van iemands zwager, pijnig je je hersenen om zo goed mogelijk uit te kunnen leggen waar de sporadische hoogtevrees van de gastvrouw vandaan komt, en dat is nog maar het begin. Je zou denken dat een arts na twaalf jaar grondige scholing en slapeloze nachten overal een antwoord op weet. Maar nee! Dat is niet het geval. Helaas is een van de grote tekortkomingen van de medische wetenschap dat ze niet onderricht in wat het grote publiek wil weten.

Dit boek is een poging deze ongelukkige situatie recht te zetten. Op de nu volgende bladzijden gaan we een begin maken met het beantwoorden van medische vragen die échte mensen bezighouden. Nijpende vragen zoals: 'Waarom stinkt mijn plas als ik asperges heb gegeten?', 'Is de uitspraak "Bier op wijn geeft venijn; wijn op bier geeft plezier" waar?', 'Word je dik van sperma?' en 'Waarom krijg je hoofdpijn van ijs?'

Dit is geen zelfhulpboek of medisch handboek. Het is een greep uit de merkwaardige dingen die mensen van hun arts willen weten, maar te gênant vinden om in het ziekenhuis of tijdens een bezoek aan de huisarts te vragen. Dat durven ze pas na hun derde borrel.

Dan begint het feest pas echt.

Nota bene

Voor zover ons bekend, is wat u gaat lezen grotendeels waar. Maar dit boek mag geenszins dienen ter vervanging van een bezoek aan uw arts. Denk eraan dat een arts een geschoold vakman is. Probeer deze vragen ook niet zelf te beantwoorden, tenzij u moeder bent. Moeders weten het altijd beter.

Je bent wat je eet

Het is tien uur 's avonds en mijn schrijfmaatje Mark Leyner en ik zijn zoals altijd te laat, maar het feest is in volle gang. We hebben een fles Don Julio-tequila bij ons, waar Leyner in de taxi gulzig van heeft voorgeproefd onder het voorwendsel dat hij moet worden getest op industriële gifstoffen. We komen het smaakvol ingerichte huis aan Park Avenue van Eloise Cameron binnen, een filantrope, mecenas en botoxverslaafde. Er worden hors-d'oeuvres geserveerd en de ietwat benevelde en verhit ogende Leyner neemt een mondvol Zweedse gehaktballetjes, kust onze gastvrouw en zegt dan: 'Eloise, lieverd, je kunt maar beter stoppen met die collageen. Je lippen kussen is net zoiets als een Michelin-mannetje zoenen.' Ze probeert minachtend te glimlachen, maar door de botox blijft haar gezicht uitdrukkingsloos.

Ik grijp Leyner in zijn kraag en we lopen naar de zitkamer. Zodra we binnen zijn word ik van achteren omhelsd. Als ik me omdraai zie ik Jeremy Burns, een investeringsbankier die twee rijen achter me zit bij Knicks-wedstrijden. Jeremy is een goede bekende bij de voedselkarretjes op Madison Square Garden vanwege zijn onstilbare honger naar hotdogs, suikerspinnen en bier. In zijn nieuwe vel-over-beengestalte, die hij te danken heeft aan Atkins, is hij bijna onherkenbaar. 'Wie heeft jou opgegraven?' bralt Leyner. Ik schaam me rot, maar doe het stiekem in mijn broek van het lachen. Jeremy probeert Leyner te ontwijken, maar als hun armen langs elkaar strijken komt Leyner onder het vet te zitten dat nu uit Jeremy's poriën sijpelt. Leyner fluistert tegen me: 'Die vent is zo ingevet als een rectale thermometer.' Ik duw Leyner weg en hij grijpt de gelegenheid aan om naar de bar te glippen voor nog een glas Don Julio. Ik blijf achter met Jeremy en zijn ondraaglijke verhalen over het vlees-en-vetdieet, en een eindeloze stroom medische vragen over voedsel.

Als we zijn wat we eten, waarom weten we dan zo weinig over voedsel en voedingswaarde?

Duurt het echt zeven jaar om kauwgom te verteren?

Hoe zit dat toch met die zeven jaar? Als je een spiegel breekt heb je zeven jaar pech. Elk hondenjaar staat voor zeven mensenjaren. Zeven jaar om een ingeslikt stuk kauwgom te verteren? Stel dat een hond een spiegel omverloopt en dan een pakje kauwgom doorslikt? Klinkt als een wiskundig probleem.

Kauwgom verteert niet, maar het blijft echt geen jaren in je maag zitten. Het kan je darmen zelfs helpen de boel sneller te verteren. Soms wordt voor kauwgom sorbitol gebruikt als zoetstof, en dat kan laxerend werken. Wat betekent dat? Inderdaad, dat je het, als je goed kijkt, tussen al die lekkere gele maïskorrels kunt zien prijken.

Waarom stinkt je plas als je asperges hebt gegeten?

Asperges bevatten een zwavelverbinding genaamd *mercaptaan*. Dat zit ook in uien, knoflook, rotte eieren en de secretie van stinkdieren. De herkenbare geur treedt op als deze substantie wordt afgebroken in je spijsverteringssysteem. Niet iedereen heeft het gen voor het enzym dat mercaptaan afbreekt, dus sommige mensen kunnen zo veel asperges eten als ze willen zonder een uur in de wind te stinken. Een onderzoek gepubliceerd in het *British Journal of Clinical Pharmacy* wees uit dat 46 procent van de onderzochte Britten de geur produceerden, terwijl dat bij 100 procent van de Fransen het geval was. Hier is plaats voor uw favoriete Fransenmop:

....

15.32

GOLDBERG: Leyner?

LEYNER: Present, commandant!

GOLDBERG: Klaar voor een klus, jongen?

LEYNER: Permissie om mijn wapen af te vuren in de lucht, commandant?

GOLDBERG: Zolang je maar niet op het toetsenbord schiet.

LEYNER: Wat gaan we vandaag doen?

15.35

LEYNER: Ik heb een idee.

GOLDBERG: We moeten verschillende dingen doen. Het voorwoord afmaken, dat moeten we samen doen. En dan nog twee inleidingen.

GOLDBERG: Of we kunnen de vragen wat opleuken.

GOLDBERG: Enig idee?

LEYNER: Laten we die andere dingen (het voorwoord en die twee inleidingen)... het echte schrijven op dinsdag doen bij jou thuis... Dan kunnen we het beter doseren.

GOLDBERG: Dus we gaan het boek doornemen.

GOLDBERG: Laten we beginnen met het hoofdstuk voedsel.

GOLDBERG: We moeten iets toevoegen aan deze opzet.

LEYNER: Zoals?

GOLDBERG: Wat *sidekicks*.

LEYNER: Ik ga een blikje Red Bull halen.

GOLDBERG: Goed, we moeten er dus wat medisch commentaar van experts aan toevoegen. Trouwens, als we het de hele tijd over Red Bull hebben, dat heerlijke drankje vol extra vitaminen, denk je dan dat we wat gratis kunnen krijgen?

GOLDBERG: Slechts 8 calorieën per blikje. O heerlijke powerdrink!!! Waar zit je?

LEYNER: Hier, pa. Ik zit een boterham te eten en Red Bull te drinken... ja, absoluut!!! We moeten schaamteloos en volstrekt onethisch beweren dat Red Bull een remedie is voor impotentie, de ziekte van Crohn...

GOLDBERG: ...en stinkende urine door asperges...

LEYNER: ...een slechte adem en rectale problemen.

GOLDBERG: Zullen we er wat Fransenmoppen bij doen?

LEYNER: Goed idee – we zeggen gewoon dat Red Bull zelfs na het eten van asperges de urine verfrist... dan krijgen we vanzelf dozen vol van dat spul!

GOLDBERG: En je moet wat minder ranzig doen, anders kan mijn vrouw dit boek niet aan anderen cadeau geven zonder ze te beledigen.

GOLDBERG: Stelletje puriteinen!

Worden kinderen echt hyperactief van suiker?

Ouders zijn altijd op zoek naar smoesjes om het slechte gedrag van hun kinderen te vergoelijken, en suiker is vaak de kwaaie pier. Het komt misschien niet als een verrassing dat Coca-Cola geen verantwoordelijkheid wenst te nemen en sterk benadrukt dat onderzoeken geen overtuigend bewijs hebben opgeleverd voor een verband tussen suikerconsumptie en hyperactiviteit. Welnu, het bedrijf heeft gelijk. Weliswaar voedt suiker het lichaam als energiebron, maar kinderen worden er niet hyperactief van.

Het is waarschijnlijker dat kinderen vaak zoetigheid eten als ze toch al opgewonden en baldadig zijn (feestjes, vakantie, de film, bruiloften, begrafenissen). Dat kan alleen maar goed nieuws zijn voor de producenten van goede, gezonde lekkernijen als Marsen, suikerspinnen en Smacks.

Waarom kun je hoofdpijn krijgen van ijs?

Aaaah, niets is lekkerder dan een ijsje op een warme zomerdag.

Volgens de ene theorie is de oorzaak van koude hersenen (*brain freeze*) te vinden in de sinussen, waar de pijn mogelijk wordt veroorzaakt door de snelle koeling van lucht in de paranasale sinussen. Die prikkelt dan de plaatselijke pijnreceptoren.

Volgens een andere theorie zorgt samentrekking van bloedvaten in het verhemelte en achter in de mond ervoor dat pijnreceptoren overbelast raken en de pijn overbrengen naar het hoofd. Achter in de mond zit een zenuwcentrum, het *ganglion sphenopalatinum*, en dat is hoogstwaarschijnlijk de bron van de gevreesde ijshoofdpijn.

Een vriendin van ons kwam met een snelwerkende truc door vlug met je tong over je verhemelte te wrijven om het op te warmen. Haar demonstratie ging gepaard met een eigenaardig klakkend geluid. Toen Leyner dit uitprobeerde werd hij ineens gevolgd door een grote gans, waarop hij uitermate dol is geworden.

Kan chocola acne veroorzaken?

Voor diegenen die chocola gebruiken ter vervanging van seks: je kunt opgelucht ademhalen. Er is geen bewijs dat chocola acne veroorzaakt. Acne heeft eerder te maken met veranderende hormonen dan met de keuze van voedsel.

Er zijn ook verbanden gelegd tussen stress en acne. Onlangs heeft een groep dermatologen geprobeerd te bewijzen dat dit wijdverbreide geloof ook een fabeltje is, maar ze ontdekten het tegenovergestelde. Hun onderzoek onder 22 studenten wees uit dat emotionele stress rechtstreeks verband hield met de ernst van de acne.

Maar terug naar het chocoladeprobleem. De University of Pennsylvania en de US Naval Academy hebben beide aangetoond dat chocola geen acne veroorzaakt. Op de University of Pennsylvania gaven onderzoekers proefpersonen 'chocoladerepen' zonder chocola, terwijl een andere groep chocolade at met bijna tien keer zo veel chocola als in een gewone reep. De resultaten van dit experiment lieten geen significant verschil in acne zien tussen beide groepen. Andere 'verboden' vette eetwaar, zoals patat, gefrituurde kip, nacho's, chips en varkenszwoerd, zorgen waarschijnlijk evenmin voor de gevreesde puistjes. Dus niet zo moeilijk doen, lekker ontspannen en als dat niet helpt, ga dan naar McDonald's voor een extra grote portie friet en een chocolademilkshake.

Waarom moet je huilen als je uien snijdt?

Bij het snijden van een ui komt er een enzym vrij dat *allinase* heet. Dat brengt het proces op gang waardoor je ogen gaan tranen. Het enzym zet aminozuren van de ui om in sulfeenzuur, en dit sulfeenzuur wordt vanzelf omgezet in syn-propaanthial-s-oxide, dat vrijkomt in de lucht. Wanneer dat gas de ogen bereikt, begin je te tranen doordat het in contact komt met zenuwvezels op het hoornvlies die de traanklieren activeren. Dan is het huilen geblazen.

Wetenschappers hebben geprobeerd een 'antihuilui' te maken, maar het lijkt erop dat de huilenzymen ook verantwoordelijk zijn voor de pittige uiensmaak. Er gloort echter hoop. De groep Japanse plantbiochemici die pas onlangs het huilenzym hebben ontdekt, denken dat het 'wellicht mogelijk is om een niet-traanverwekkende ui' te ontwikkelen door het huilfactorsynthasegen te onderdrukken en tegelijkertijd de hoeveelheid thiosulfinaat (allicine) te verhogen. Klinkt heerlijk!

Tot die tijd zijn er verschillende manieren om het uientraanprobleem te omzeilen. Uien vóór het snijden opwarmen, ze snijden onder stromend water of een zwembril opzetten.

De meest betrouwbare oplossing: laat je maaltijd bezorgen.

Werkt komkommer verzachtend bij dikke ogen?

Een goed geplaatst plakje komkommer kan heerlijk zijn, maar bevat geen speciaal ingrediënt dat zwelling onder de ogen doet afnemen. Komkommers bestaan voor 90 procent uit water, en door het verkoelende effect van water vernauwen de bloedvaten rondom de ogen, waarna de zwelling afneemt. Hoe kouder de komkommer, hoe beter.

Andere remedies tegen opgezwollen ogen zijn zwartetheezakjes in koud water, waarbij het looizuur zorgt dat de zwelling afneemt. Aambeiencrème kan ook helpen, maar dan heb ik liever dikke ogen.

Waarom krijg je koekjes en sap nadat je bloed hebt gedoneerd?

Er is geen duidelijke medische reden om koekjes en sap te nuttigen na het doneren van bloed. Het idee is dat deze kleine snack je vloeistoffen aanvult en je bloedsuikerspiegel weer op peil brengt. Maar eigenlijk hoort de bloedsuikerspiegel niet te veranderen als je bloed geeft, en dat kleine beetje sap dat je drinkt is niet van grote invloed op je vochtbalans. De snack is vooral goed om vóór vertrek even rustig bij te komen van deze burgerplicht.

Misschien zouden andere versnaperingen meer bloeddonoren aantrekken:

1 Voor de *happy few*: champagne en foie gras.
2 Voor het hippe publiek: vitaminedrankjes en een energie-
   reep.
3 Voor Atkins-adepten: frisdrank light en een biefstuk.
4 Voor de hiphopgangsta: bier en gegrilde drumsticks.

Waarom hebben vrouwen tijdens hun menstruatie behoefte aan chocola?

Er is weinig wetenschappelijk bewijs voor een verband tussen bepaalde voedselbehoeftes en de menstruatiecyclus. Er wordt wel gesuggereerd dat behoefte aan chocola tijdens de menstruatie te maken heeft met een tekort aan magnesium of met koolhydraatconsumptie als natuurlijk middel tegen depressie, maar voor geen van beide verklaringen is overtuigend bewijs gevonden. Tijdens een onderzoek kregen vrijwilligers een vloeibaar dieet toegediend dat voldoende calorieën en de essentiële vitaminen en mineralen bevatte, en toch hadden de deelneemsters nog behoefte aan bepaalde eetwaar. Dat lijkt erop te wijzen dat er geen tekort aan bepaalde voedingsstoffen nodig is om wat voor soort behoefte dan ook te hebben, en dat deze behoefte eerder psychologisch te verklaren is.

Medische boeken staan echter bol van de bizarre 'voedselbehoeftes'.

Pica is de medische term voor een een patroon waarbij niet-voedzame substanties worden gegeten (zoals zand, klei, verfschilfers et cetera) die minimaal één maand in het lichaam blijven zitten. De naam is afgeleid van het Latijnse woord voor ekster, een vogel die bekendstaat om zijn grote en willekeurige eetlust. Pica kan worden veroorzaakt door ijzertekort, dat ook kan leiden tot een behoefte aan ijs, wat *pagofagie* wordt genoemd. Bij een 66-jarige vrouw met ijzertekort is ook 'tomatenfagie' waargenomen. Gedurende twee maanden at ze dagelijks meerdere tomaten.

Haar tomatenbehoefte verdween toen ze voor bloedarmoede werd behandeld.

Waarom krijg je een opgeblazen gevoel als je iets zouts eet?

Deze veelvoorkomende vraag wordt vooral gesteld door vrouwen die een opgeblazen gevoel hebben vanwege hun PMS en denken dat dat te maken heeft met de hoeveelheid zout die ze eten. In de loop der jaren hebben we allebei ondervonden dat je een vrouw nooit van streek moet maken als ze premenstrueel syndroom heeft, dus zijn we in medisch lesmateriaal gedoken om het juiste antwoord te vinden.

Water is goed voor 45 tot 50 procent van het lichaamsgewicht bij volwassen vrouwen en voor 55 tot 60 procent van het gewicht bij volwassen mannen. Zo'n 50 procent van dat water zit in de spieren, 20 procent in de huid, 10 procent in het bloed en de overige 20 procent in de overige organen. Ondanks onze zeer uiteenlopende voedselpatronen blijven het volume en de samenstelling van het lichaamsvocht vrijwel constant omdat we evenveel water verliezen (door middel van plassen, transpireren et cetera) als we innemen. Met andere woorden: de hoeveelheid vocht die elke dag door het lichaam wordt opgenomen, staat gelijk aan de hoeveelheid die het lichaam afscheidt of gebruikt. Dat wordt de vochtbalans of *steady state* genoemd.

Om een lang verhaal kort te maken: als je nieren normaal functioneren, hoort de hoeveelheid zout die je inneemt je geen opgeblazen gevoel te geven. Misschien zit je broek gewoon te strak door al die chocola die je hebt zitten eten ter vervanging van seks.

Wat is een voedselcoma?

We zitten bij I Trulli, een chic Italiaans restaurant in New York, en ik heb de knoop van mijn broek al losgemaakt ter voorbereiding op het dessert. Als ik links van me kijk, zie ik dat mijn schoonzus zichzelf in slaap heeft gegeten. Haar hoofd ligt schuin op de schouder van mijn vrouw en er begint kwijl uit haar mondhoek te lopen. Nadat ik meerdere foto's heb genomen voor ons familiearchief, wordt me weer eens gevraagd waar het gevreesde voedselcoma door wordt veroorzaakt.

Er zijn allerlei oorzaken te noemen voor het klassieke 'voedselcoma' – overigens een misleidende naam omdat het op iets veel ernstigers duidt dan hier wordt bedoeld. Veel mensen zeggen dat ze slaperig worden na het eten van de traditionele Thanksgiving-maaltijd. Kalkoen wordt aangewezen als boosdoener, en dan vooral de hoeveelheid L-tryptofaan die kalkoen bevat. L-tryptofaan is een essentieel aminozuur en een aanjager van serotonine. Zowel serotonine als L-tryptofaan heeft een kalmerend, slaapverwekkend effect op het menselijk lichaam.

L-tryptofaan wordt van nature aangetroffen in kalkoenproteïne, maar is ook te vinden in veel andere dieren, waaronder kippen en koeien, en in planten. Een gemiddelde portie kalkoen (zo'n 100 gram) bevat dezelfde hoeveelheid L-tryptofaan die wordt aangetroffen in een gemiddelde portie kip of rundergehakt.

Twee andere factoren die bijdragen aan slaperigheid aan tafel zijn de samenstelling van de maaltijd en de grotere bloedtoevoer naar de spijsverteringsorganen. Onderzoek heeft aangetoond dat een maaltijd met vast voedsel sneller tot vermoeidheid leidt dan een vloeibaar dieet. Vast voedsel zorgt er ook voor dat allerlei stoffen samen een reactie opleveren die uiteindelijk leidt tot een grotere bloedtoevoer naar de buik. Deze grotere bloedtoevoer en een verhoogde stofwisseling kunnen bijdragen aan het 'coma'.

Ik zal vertellen hoe het familieverhaal afliep. Van een dubbele espresso kun je soms voldoende oppeppen voor het dessert. Maar in een poging haar comateuze zus weer tot leven te wekken nam mijn vrouw haar mee naar het toilet om water op haar gezicht te spatten en haar buik tegen de koude badkamertegels te duwen. Helaas is een voedselcoma alleen te genezen met tijd.

Waarom heb je een uur nadat je Chinees hebt gegeten alweer trek?

We zijn bang dat we, als we ons uitlaten over diëten, worden belaagd door een horde Atkins-adepten die door spek tot razernij worden gebracht. Maar hopelijk zitten we ditmaal goed, omdat de boosdoeners in dit geval koolhydraten zijn, en dan met name rijst en pasta.

Chinese maaltijden bevatten in de meeste gevallen rijst, weinig vlees en veel groenten met een laag aantal calorieen. De rijst- en noedelgerechten, zoals gebakken rijst en *lo mein,* bevatten koolhydraten waardoor de bloedsuikerspiegel piekt en dan naar beneden duikt, zodat je trek krijgt. Dus als je Chinees gaat eten, vergeet dan niet de pekingeend, *ku lo yuk* of spareribs. Het geeft je misschien een vet gevoel en je gaat er misschien Mao van citeren, maar je krijgt later tenminste geen trek.

Wat is MSG, en krijg je er hoofdpijn van?

MSG is het natriumzout van het aminozuur glutaminezuur en een vorm van glutamaat. Mmm, klinkt lekker, hè?

Natriumzout is een aminozuur dat van nature voorkomt in bijna alle voedingsmiddelen en met name in eiwitrijk voedsel. MSG (*monosodium glutamaat*) wordt gebruikt als smaakversterker in allerlei soorten voedsel die thuis, in restaurants en door de fabrikanten van bewerkt voedsel worden bereid. Men begrijpt niet precies waarom het de smaak van ander voedsel versterkt, maar veel wetenschappers denken dat MSG zoutreceptoren in de tong stimuleert om smaken te versterken.

De laatste tijd komt MSG negatief in het nieuws, vooral door berichten over reacties op Chinees voedsel, het gevreesde 'Chinees-restaurantsyndroom'.

Voor degenen die denken dat ze slecht tegen MSG kunnen, zijn dit een paar symptomen die zijn waargenomen:

– branderig gevoel in nek, onderarmen en borst
– gevoelloosheid achter in de nek, uitstralend naar armen en rug
– getintel, warmte en slapheid in het gezicht, slapen, bovenrug, nek en armen
– spanning of trekkerigheid in het gezicht
– pijn in de borst
– hoofdpijn
– misselijkheid
– snelle hartslag
– bronchospasme (moeite met ademhalen) bij astmapatiënten met een MSG-allergie
– sufheid
– slapheid

In 1958 bestempelde de Amerikaanse Food and Drug Administration (FDA) MSG als veilig (GRAS, Generally Recognized As Safe), samen met veel andere vaak voorkomende voedingsadditieven als zout, azijn en bakpoeder, maar gebruikers blijven vraagtekens zetten bij de veiligheid en werkzaamheid van MSG. Op basis van talloze biochemische, toxicologische en medische onderzoeken van de afgelopen twintig jaar, is de wetenschap het er toch min of meer over eens geworden dat MSG voor de meeste mensen veilig is.

Ga je van wortelen beter zien?

De Romeinse keizer Caligula dacht dat wortelen werkten als afrodisiacum, waardoor mannen potenter werden en vrouwen zich sneller onderwierpen. Het verhaal gaat dat hij de gehele Romeinse Senaat een banket van uitsluitend wortelen voorschotelde om de senatoren als wilde beesten tekeer te kunnen zien gaan. Dat heeft niets te maken met het gezichtsvermogen, maar is wel een leuk verhaal.

De wortelmythe gaat terug tot de Tweede Wereldoorlog, toen de Britse Royal Air Force probeerde te verdoezelen dat het een geavanceerd radarsysteem voor zijn vliegtuigen had ontwikkeld om Duitse bommenwerpers neer te schieten. Ze bluften dat de grote precisie waarmee Britse gevechtspiloten 's nachts zo goed konden zien te verklaren was door de enorme hoeveelheden wortelen die ze te eten kregen. Het is waar dat wortelen veel bètacaroteen bevatten, dat essentieel is voor het gezichtsvermogen. Het lichaam zet bètacaroteen om in vitamine A, en een extreem tekort aan vitamine A kan blindheid veroorzaken. Er is echter maar heel weinig bètacaroteen nodig om goed te kunnen zien. Als je geen tekort hebt aan vitamine A zal je gezichtsvermogen niet beter worden, hoeveel wortelen je ook eet.

Een teveel aan vitamine A kan zelfs vergiftiging tot gevolg hebben, waarbij symptomen kunnen optreden als het oranjegeel kleuren van de huid, haaruitval, vermoeidheid en hoofdpijn.

Belemmert koffie de groei?

Ik, Billy Goldberg, wil dit antwoord graag opdragen aan mijn dierbare vriend cafeïne. Hij heeft me bijgestaan in goede en slechte tijden. Zonder hem had ik nooit al die avonden in het ziekenhuis overleefd of de deadline voor dit boek gehaald. Tegen mijn vriend zou ik willen zeggen: 'Ik houd jou er niet verantwoordelijk voor dat ik maar 1 meter 75 ben.'

Er is erg veel onderzoek gedaan naar de vraag of cafeïneconsumptie verband houdt met osteoporose. In grote lijnen kan worden geconcludeerd dat matige cafeïneconsumptie geen belangrijke risicofactor vormt voor osteoporose, vooral als je een gezond en evenwichtig eetpatroon hebt. In sommige onderzoeken wordt gesuggereerd dat regelmatig koffiedrinken kan leiden tot calciumverlies in de urine, maar dat heeft geen meetbaar effect op de botdichtheid. Dus zolang je een evenwichtig eetpatroon hebt en voldoende calcium binnenkrijgt, kun je zonder zorgen espresso blijven drinken.

Waarom maakten onze ouders ons vroeger dan bang met dat fabeltje als we koffie wilden drinken? Waarschijnlijk om dezelfde reden als waarom ze bang waren dat we een oog kwijtraakten als we met een schaar rondrenden of met een natte handdoek rondzwiepten. Puur voor hun eigen gemoedsrust. Het helpt ook als een kind in slaap valt, want dan kunnen papa en mama uitzoeken of er echt een g-plek bestaat (zie hoofdstuk 3, p. 72).

Waarom krijg je hoofdpijn als je 's ochtends een keer geen koffie drinkt?

Wij Amerikanen zijn echt een volk van verslaafden. Met alcohol, nicotine en cafeïne schrijven we onszelf van alles voor om onze dagelijkse activiteiten aan te kunnen. Nu je overal mensen zuivere cafeïne naar binnen ziet gieten in de vorm van Red Bull, moeten we de prangende vraag beantwoorden: krijgen we om vier uur knallende koppijn als we 's ochtends geen bakkie hebben gehad?

Het is duidelijk dat cafeïne invloed kan hebben op hoofdpijn. Cafeïne zit in zowel vrij verkrijgbare medicijnen (Excedrin) als in medicijnen op recept. Cafeïne vernauwt de bloedvaten en kan daardoor soms hoofdpijn veroorzaken. Maar de ontwenningsverschijnselen die je ervaart als je je dagelijkse kop koffie overslaat zijn een stuk minder standaard dan je zou denken.

In een onderzoek dat in 1999 in *The Journal of Pharmacology* stond, werd de hypothese onderzocht dat je hoofdpijn krijgt als je stopt met koffiedrinken. Als de proefpersonen in dit onderzoek zich niet bewust waren van de ontwenning van cafeïne, was de frequentie en ernst van hun symptomen vaak veel minder en soms zelfs afwezig. In een onlangs gepubliceerd onderzoek werd geconcludeerd dat er ontwenningsverschijnselen optreden na het stoppen met koffie. Aangenomen wordt dat de symptomen ernstiger zijn naarmate je meer cafeïne consumeert en dan abrupt stopt, al vertoont niet iedereen dezelfde ontwenningsverschijnselen. Symptomen zijn vermoeidheid, sufheid, irritatie, depressie of concentratieproblemen.

Als je geleidelijk wilt afbouwen, kun je Mark Leyners programma proberen:

Maandag:	dubbele espresso
Dinsdag:	koffie verkeerd
Woensdag:	enkele espresso
Donderdag:	ijsthee
Vrijdag:	half cafeïnevrije cappuccino met sojamelk
Zaterdag:	een grote cola
Zondag:	bier (geen cafeïne en fantastisch als ontbijt)

Waarom krijg je een loopneus van scherp eten?

Niets is te vergelijken met de opvlieger die je krijgt als je de wasabi aanziet voor pistache-ijs. Maar helaas, die zorgt niet voor een loopneus. Dat komt doordat wasabi geen capsaïcine bevat, de extreem irriterende chemische stof die te vinden is in jalapeño- en Madame Jeanette-pepers. Van capsaïcine wordt gezegd dat het zenuwvezels in het centrale zenuwstelsel stimuleert die de hoeveelheid en dikte van het slijm en andere vloeibare stoffen bepalen die worden afgescheiden in de neusholte en de maag.

Voor liefhebbers van feitjes volgt hier de scovilleschaal over de heetheid van pepers:

0-100 scoville-eenheden: de meeste soorten paprika
100-500 scoville-eenheden: peperoncini
500-1000 scoville-eenheden: New Mexico-peper
1000-1500 scoville-eenheden: espanolapeper
1000-2000 scoville-eenheden: ancho- en pasillapeper
1000-2500 scoville-eenheden: Cascabel- en wiriwiripeper
2500-5000 scoville-eenheden: jalapeño- en mirasolpeper
5000-15.000 scoville-eenheden: serranopeper
15.000-30.000 scoville-eenheden: chili- en arbolpeper
30.000-50.000 scoville-eenheden: cayenne- en tabascopeper
50.000-100.000 scoville-eenheden: chiltepinpeper
100.000-350.000 scoville-eenheden: Scotch Bonnet- en
                                    rawitpeper
200.000-300.000 scoville-eenheden: Madame Jeanette-peper
Rond de 10.000.000 scoville-eenheden is pure capsaïcine

Voor zover bekend is de allerheetste peper de Red Savina Madame Jeanette. Als je denkt dat je neus gaat lopen van een jalapeñopepertje, dan kun je ervan uitgaan dat je bij een Red Savina tot aan je knieën door de troep uit je neus waadt.

Krijg je maagzweren van scherp eten?

Nee, van scherp eten krijg je geen maagzweer. Een maagzweer kan wel worden verergerd door een flinke scheut tabasco. Alcohol drinken, roken of stress kunnen een maagzweer ook verergeren.

De meeste maagzweren worden óf veroorzaakt door een infectie van de bacterie *Helicobacter pylori* (*H. pylori*), óf door overmatig gebruik van ontstekingsremmende pijnstillers, zoals aspirine en ibuprofen. Maagzweren veroorzaakt door bacteriën kunnen worden behandeld met antibiotica en de andere door minder pillen te slikken.

Krijg je hoofdpijn van kunstmatige zoetstoffen?

De kunstmatige zoetstof Canderel en het voedseladditief NutraSweet zijn beide aspartaam. Deze zoetstof, in 1981 goedgekeurd door de FDA, is ernstig omstreden omdat het van alles zou veroorzaken, van hoofdpijn tot epileptische aanvallen. Het debat woedt verder op internet en in de medische literatuur. De FDA en CDC (Centers for Disease Control) zijn beide van mening dat het product veilig is, maar er zijn ook veel berichten die aantonen dat bij sommige mensen hoofdpijn kan optreden als tegenreactie.

Er is geen eenduidig antwoord op de vraag of kunstmatige zoetstoffen hoofdpijn veroorzaken, maar hier krijg je gegarandeerd hoofdpijn van:

1 Je kind proberen te helpen met zijn wiskundehuiswerk.
2 Telemarketeers die bellen tijdens het eten.
3 De kaart van rode (Democratische) en blauwe (Republikeinse) staten.
4 In de file zitten als het enige radiostation dat doorkomt een Ashlee Simpson-marathon uitzendt.

Om te beginnen is het belangrijk om te weten dat het heerlijke chemische aardbeien- of kersensnoep dat we lekker in de bioscoop zitten te eten niet echt drop is. Echte drop is zwart en bevat glycyrrhizinezuur. Daarom kunnen we geen antwoord geven op de belangrijker vraag of het ene nou lekkerder is dan het andere.

De medische literatuur bevat veel informatie over het verband tussen drop en hoge bloeddruk, en als je toevallig het Engelstalige uittreksel hebt gelezen van een artikel uit het Noorse vakblad *Tidsskrift for Den norske laegeforening* in 2002 had je misschien ontdekt dat 'de actieve component van drop glycyrrhizinezuur is, dat het enzym 11-beta-hydroxysteroïde dehydrogenase remt. Dit enzym bevordert de omzetting van cortisol naar cortison en is derhalve verantwoordelijk voor het specifieke karakter van de mineralocorticoïde receptor naar aldosteron in de niertubuli. Door de remming van het enzym kan cortisol optreden als de belangrijkste endogene mineraalcorticoïde die een waarneembare verhoging veroorzaakt van mineraalcorticoïde-activiteit, wat resulteert in hoge bloeddruk, hypokalemie en metabolische alkalose.' Onbegrijpelijk dat snoepfabrikanten dit niet gebruiken als slogan. Stel je voor: aanstekelijke deuntjes, grappige reclames en een ongekende verkoop van zwarte drop.

Lichaamskuren

Eindelijk weet ik te ontkomen aan Jeremy's tergende voed-selinquisitie, maar als ik rondkijk is Leyner in geen velden of wegen te bekennen. De fles Don Julio is verdwenen en ik zie een spoor van garnaalstaarten dat naar de lift leidt. Ik vind hem op de trap, waar hij zit te ganzenborden met de buurkinderen en cocktailsaus opslurpt door een rietje. Als ik hem weer mee naar binnen probeer te sleuren, snauwt hij: 'Ben je gek geworden? Ik heb honderdvijftig dollar verloren.' Zijn gebrul is binnen te horen en er ko-men een paar feestgangers kijken. Er verzamelt zich een menigte om het spel en naarmate Mark meer verliest begint hij steeds knorriger te doen tegen de kinderen. Het helpt ook al niet dat ze spottend 'The Gambler' van Kenny Ro-gers beginnen te zingen. Maar de kansen keren en Leyner heeft al snel het zakgeld en lunchgeld afgetroggeld van de kinderen, die beteuterd en zachtjes mopperend verdwijnen. Triomfantelijk komt Leyner overeind en roept: 'Ja, stelletje losers, ga maar uithuilen bij mama! Wij gaan binnen ver-der feesten en stripganzenbord doen.' Hij int zijn winst, drinkt de fles Don Julio leeg en we gaan naar binnen.

Eenmaal binnen valt Wendy Thurston, hoofdredacteur van Half-a-Dozen Ponds Press, ten prooi aan Leyners sluwe, genadeloze speltactiek. Daar staat ze in haar bh, string en sokken. Als Leyner weer een punt wint trekt ze haar linkersok uit, en er komt een prachtige voet tevoor-schijn in de kleur van albast met onberispelijk gepedicuur-de, met elkaar vergroeide tenen. Met betraande ogen wendt

Leyner zich tot mij en krijt in schrille jongenssopraan tegen me: 'Ik heb mijn Assepoester gevonden!'

Van deze romantische ontboezeming valt het hele gezelschap verbijsterd stil, en dan word ik weer bedolven onder een berg vragen over het lichaam. Hoe komt het toch dat lichamelijke trivia onze meest primitieve verlangens en nieuwsgierigheid opwekken?

Is het slecht om je vingers te laten knakken?

Toen ik, Billy, op het strand ter ontspanning een oud nummer van de *Journal of Manipulative and Physiological Therapeutics* zat door te bladeren, stuitte ik op het antwoord op deze eeuwenoude vraag. Ik wou dat mijn vader dit ook had geweten, want dan had hij mijn broer misschien minder afgeblaft. Je vingers laten knakken is niet zo slecht als mensen denken. Meestal is het argument dat het artritis kan veroorzaken. Dat is niet het geval. Chronisch vingerknakken kan weliswaar andere schadelijke effecten hebben, zoals het verrekken van de omringende gewrichtsbanden en verminderde kracht in de handen, maar geen artritis.

Waarom hoor je nu die knak? Dat geluid wordt geproduceerd in het gewricht als er gasbellen knappen in de synoviale vloeistof die het gewricht omgeeft. Interessant hè?

Waarom stulpt de navel bij sommige mensen naar buiten en bij anderen naar binnen?

Het antwoord op deze vraag heb ik nooit geweten, tot ik voor het eerst een kind haalde. Ik dacht altijd dat je navel naar binnen zat als de dokter hem goed had afgebonden, en dat je met zo'n raar naar buiten stulpend ding zat opgescheept als hij dat niet had gedaan. Maar er wordt helemaal niets afgebonden. We zetten gewoon een klemmetje op de navelstreng, knippen hem af en wachten tot hij opdroogt en eraf valt. Het is volstrekt willekeurig.

Soms kan iemand een 'buitennavel' ontwikkelen omdat hij een navelbreuk heeft. Dit heeft evenmin iets te maken met de padvinderskwaliteiten van de arts. Onlangs hoorde ik dat plastisch chirurgen een uitstulpende navel verwijderen voor een mooiere buik. Heel triest, ja.

Eén vraag die echter niet te beantwoorden is, is waarom er zo veel pluisjes in sommige navels gaan zitten.

Waarom stinkt je adem 's ochtends?

In Australië komt de 'poepfee' 's nachts langs om in je mond te schijten. In Engeland zeggen ze dat je adem na een nacht doorzakken in de kroeg smaakt naar een 'aasgierenmaal'. En een Schotse vriend met een kersverse Hawaïaanse bruid bericht dat als je 's avonds laat tijdens een graastocht door de ijskast *haggis* en *poi* eet, je de volgende ochtend afgrijselijk uit je bek stinkt.

Na deze verhalen moeten we maar beginnen met de anaerobe bacterie, de *xerostomie* (duur woord voor droge mond), of de vluchtige zwavelverbindingen (in feite uitwerpselen van de bacteriën). Dat alles bij elkaar geeft je 's ochtends bij het opstaan die fantastische, tintelfrisse stinkbek.

Andere dingen kunnen eveneens bijdragen aan deze orale *smorgasbord*: medicijnen, alcohol, suiker, roken, cafeïne en zuivelproducten.

Maar ga nou niet meteen je tong zandstralen; er zijn eenvoudiger middeltjes tegen een vieze adem. Poets regelmatig (vergeet je tong niet), flos en drink veel water.

GOLDBERG: Ik zat net te denken dat hoe chaotischer dit boek is, hoe lastiger het voor Carrie wordt om te redigeren. Misschien krijgt ze er wel een epileptische aanval van.

LEYNER: Wat grappig!! Ik denk dat haar martelen een goed ijkpunt is voor als we de weg kwijt zijn en maar wat aanmodderen.

LEYNER: Wat is een epileptische aanval eigenlijk?

GOLDBERG: Gaat dat altijd zo in een creatief proces? Wordt jouw genie altijd gevoed door kwellingen?

GOLDBERG: Abnormale elektrische activiteit in de hersenen, hoezo?

43

LEYNER: Mijn creatieve proces wordt gevoed door een soort nietzscheaans aristocratisch gevoel en tegelijkertijd het idee dat ik een ontzettende oplichter ben.

GOLDBERG: Volgens mij vindt iedereen zichzelf een oplichter. Wat dacht je van mij, dat ik die onbeantwoordbare vragen probeer te beantwoorden?

LEYNER: Tezamen met kwellingen en de overweldigende behoefte aan liefde en erkenning (zelfs dat) én geilheid én schuldeisers die de godganse dag bellen. Heb jij geen geneeskunde gestudeerd in Ingoesjetsië? Je bént ook een oplichter.

GOLDBERG: Waar ligt Ingoesjetië nou weer?

LEYNER: Pal ten oosten van Tsjetsjenië. Kijk maar op MapQuest.

GOLDBERG: Ik heb genoeg van die Tsjetsjeense obsessie van je. Laten we het over het boek hebben.

LEYNER: Ik had je gewaarschuwd... van al het geld dat we voor dit boek krijgen gaan Mercedes en ik ons inkopen in een gemeenschappelijke zomerdatsja in Tsjetsjenië.

Waarom is gapen aanstekelijk?

Hier zijn een paar dingen die gelukkig níet aanstekelijk zijn:

- kwijlen
- bloedneuzen
- jeuk
- epileptische aanvallen
- scheten laten

44

Maar dat terzijde. Er zijn verschillende theorieën over waarom je moet gapen en waarom het aanstekelijk is. Oorspronkelijk werd aangenomen dat mensen gapen om meer zuurstof te krijgen, maar dat blijkt niet waar te zijn.

De meest gangbare theorie is dat het betrekking heeft op gedrag. In een artikel over aanstekelijk gapen schrijven dr. Steven M. Platek en anderen: 'Aanstekelijk gapen kan in verband worden gebracht met empathische aspecten die toegekend worden aan de mentale staat en die negatief worden beïnvloed als schizotypische persoonlijkheidstrekken worden versterkt, net zoals met andere gerelateerde automatische handelingen gebeurt.'

Watte? Nou zit ik zelf te gapen.

Wat ze bedoelen is dat mensen onbewust anderen imiteren als ze gapen. Mensen zijn niet de enige diersoort die gaapt. Gapen komt voor bij veel beesten, waaronder katten, vissen en vogels, al weten wij ook niet hoe een gapende vis eruitziet.

Waarom hebben mannen tepels?

We zijn zoogdieren en gezegend met lichaamsbeharing, drie gehoorbeentjes en het vermogen onze jongen te voeden met melk die vrouwtjes produceren in gemodificeerde zweetklieren, die borstklieren worden genoemd. Hoewel alleen vrouwen borstklieren hebben, beginnen we als embryo allemaal precies hetzelfde. Tijdens de ontwikkeling volgt het embryo een vrouwelijke koers tot het ongeveer zes weken oud is. Daarna komt bij het mannelijke embryo het mannelijke geslachtschromosoom in actie. Het embryo begint dan alle mannelijke eigenschappen te ontwikkelen. Daarom hebben mannen dus tepels en ook wat borstweefsel. Mannen kunnen zelfs borstkanker krijgen en er zijn medische omstandigheden waarbij mannelijke borsten groter kunnen worden. Abnormale vergroting van borsten bij mannen wordt *gynaecomastie* genoemd. Gynaecomastie kan worden veroorzaakt door het gebruik van anabole steroïden. Dus als Barry Bonds bij een honkbalveteranenwedstrijd komt opdagen met een uitgezakte cup 110 DD, denk ik dat we eindelijk uitsluitsel hebben over de steroïdencontroverse.

Kan een contactlens wegraken in je hoofd?

Het komt vaak voor dat mensen naar de eerste hulp komen omdat ze hun contactlens niet kunnen vinden. Vaak zit hij opgevouwen onder het ooglid, maar soms is hij nergens meer te vinden. Waar is hij dan gebleven?

Waarschijnlijk thuis op de badkamervloer. Een klein lesje anatomie: hij kan nergens anders naartoe.

Andere voorwerpen die mensen vaak 'kwijtraken' en waarvoor ze naar de spoedeisende hulp komen: tampons, condooms en autosleutels.

Kan een tampon wegraken in het lichaam als het touwtje afbreekt?

Deze vraag komt verrassend vaak voor, en regelmatig komen vrouwen hiervoor naar de eerste hulp. In de meeste gevallen komen patiënten óf omdat ze de tampon er niet meer uit kunnen krijgen, óf omdat hij is verdwenen en ze niet weten waar hij is gebleven.

Tijd voor een tweede lesje anatomie. De vagina is een besloten ruimte, niet een gat of holte in het lichaam. De wanden van de vagina zitten meestal tegen elkaar aan, tenzij er iets tussen wordt gestopt. Als er iets in de vagina komt maakt het lichaam daar plaats voor. Aan het eind van deze ruimte zit de baarmoederhals. Daarom kan een tampon geen kant op. Hij kan niet wegraken in dat kleine stukje lichaam en je zou 'm eruit moeten kunnen halen, of anders

46

kan een arts het makkelijk doen. Vaak vinden we niets daarbinnen, wat betekent dat je waarschijnlijk bent vergeten dat je hem hebt verwijderd. Als je een tampon te lang laat zitten loop je kans op een ernstige ontsteking, dus schroom niet om hulp te vragen.

Is het waar dat de tong de sterkste spier in het lichaam is in verhouding tot zijn omvang?

Goed, er zijn allerlei redenen waarom iemand het antwoord op deze vraag wil weten. Aan de vriendin die deze vraag stelde hebben wij nooit gevraagd waarom ze dat zo graag wilde weten, maar ze zal er vast haar redenen voor hebben gehad.

Sommige bronnen zijn inderdaad van mening dat de tong de sterkste spier is qua omvang, maar eigenlijk bestaat de tong uit vier spieren. Ook het hart wordt genoemd, maar omdat dat een onwillekeurige spier is en grotendeels een *endurance muscle*, vormt het niet echt het hart van deze vraag (opzettelijk slechte woordgrap).

De kleermakersspier, die van de heup over de dij tot aan de knie loopt, is de langste spier in het lichaam. Voor de titel 'sterkste spier' zijn er nog twee andere kandidaten: de kaakspier die gebruikt wordt om te kauwen, en de grote bilspier. Kenonne! Nooit geweten dat onze kont zo retesterk was!

En voor de liefhebbers van trivia nog even de twee favoriete kontgerelateerde woorden van Billy en Leyner:

Callipygian: welgevormde billen hebben.
Steatopygie: extreme vetvorming in de billen.

Waarom ga je klappertanden als je het koud hebt?

Meestal houdt het lichaam een constante temperatuur aan van 37 graden Celsius. Bij deze temperatuur functioneren de lichaamscellen het best. Als er een significante temperatuursverandering optreedt, voelt de hypothalamus, een onderdeel van de hersenen, dat aan. Als het lichaam te koud wordt, geeft dit centrum de rest van het lichaam een teken dat het moet opwarmen. Dan begint het rillen, de snelle beweging van de spieren om warmte te genereren. Klappertanden staat voor plaatselijk rillen.

Waarom heb je een blindedarm als je ook zonder kunt?

De blindedarm is een klein zakje dat aan de dikke darm hangt. De wand van de blindedarm bestaat uit lymfweefsel dat deel uitmaakt van het immuunsysteem voor het aanmaken van antilichaampjes.

Het verwijderen van de blindedarm kan totaal geen kwaad omdat er ook andere delen in het lichaam zijn met soortgelijk weefsel: de milt, lymfklieren en amandelen. De milt en de amandelen kunnen ook worden verwijderd.

GOLDBERG: Je zou nog iets leuks verzinnen voor bij de blindedarmvraag, waarom heb je er een als je ook zonder kunt?

GOLDBERG: Zo'n typische Leyner-wijsheid over rudimentaire organen.

LEYNER: God heeft bepaalde interne organen in het menselijk lichaam gestopt om puur esthetische redenen. Ze zien er gewoon mooi uit als de patholoog-anatoom je openmaakt.

16.05

LEYNER: Hoe weten we nu al wat alle rudimentaire organen zijn? Veel organen die nu van levensbelang lijken, zijn binnenkort misschien overbodig.

GOLDBERG: Leg me eens uit wat er zo mooi is aan de blindedarm. Hij ziet eruit als een klein, nat rupsje.

LEYNER: Maar dat is zo persoonlijk... een klein nat rupsje is prachtig... kwetsbaar, getuigend van de vluchtigheid van het bestaan en de ondraaglijke zwakte van alles. Ik ben ervan overtuigd dat de blindedarm ooit heel kortstondig evolutionair nut heeft gehad.

GOLDBERG: Waar heb je het in godsnaam over?

LEYNER: Er is vast een of ander roofdier geweest dat alleen maar mensen zónder blindedarm at zodat dat gen een poosje gedijde...

LEYNER: Over overbodig gesproken.

LEYNER: Wat voor andere zogenaamd rudimentaire organen zijn er?

GOLDBERG: De staart.

16.10

LEYNER: Zou lichaamsbeharing nu ook niet als rudimentair worden beschouwd, omdat we niet meer bloot op de oersavanne wonen?

LEYNER: Ik probeer bloot op een soort innerlijke oersavanne te leven, maar je begrijpt wat ik bedoel. Lichaamsbeharing is ook vast een soort atavistisch overblijfsel.

LEYNER: Wat is nou het nut van schaamhaar of rughaar of zelfs haar op je hoofd?

GOLDBERG: Wacht even, ik moet atavistisch even opzoeken. Ik heb verdomme een woordenboek nodig.

LEYNER: Het heeft allemaal met handel te maken. Er is niet echt een industriebranche voor de blindedarm, dus wordt hij in het 'rudimentaire' verdomhoekje gestopt... haar is cool, met de gelindustrie en kappers en shampoo en conditioners en zo.

GOLDBERG: Weet je, ik vind *merkin* zo'n prachtig woord, maar dragen mensen echt zo'n ding?

GOLDBERG: Waarom zou iemand in godsnaam een schaamtoupetje willen hebben?

16.15

LEYNER: Het hele idee van een schaamtoupetje is fantastisch! Eigenlijk vind ik die hele cultuur van kaalgeplukte vrouwen nogal pervers. Dat is seksuele infantilisering. Wie wil er nou een vrouw die er daar beneden uitziet als een zesjarige?

LEYNER: Hoe groot kan een blindedarm worden?

GOLDBERG: Dat weet ik, maar omgekeerd wil je ook niet dat iemand eruitziet als een yeti.

GOLDBERG: Spel je dat zo?

LEYNER: Een Yentl?

LEYNER: Yentl?

GOLDBERG: Nee, de verschrikkelijke sneeuwman.

GOLDBERG: Wou je zeggen dat Barbra een schaamtoupetje heeft?

LEYNER: Nou ja... ik weet dat we een beetje afdwalen, maar liever een yeti dan een kaal, wassen geval.

LEYNER: Streisand is beroemd vanwege die merkin. Gemaakt door de beste Venetiaanse pruikenmakers.

GOLDBERG: Laten we niet afdwalen. We kunnen weer verder met het boek.

LEYNER: Van het scrotumhaar van de jak.

LEYNER: Goed... terug naar het boek.

Zijn aften besmettelijk?

Een van de grootste medische geheimen en een van de dingen die artsen niet snel zullen toegeven is dat ze niet overal antwoord op weten. Aften zijn daar een voorbeeld van. Aften, in medische termen recidiverende orale ulceraties, zijn de meest voorkomende mondziekte en iets wat velen van ons aan den lijve hebben ondervonden. Ze verschillen in meerdere opzichten van een koortslip. Aften zitten binnen in de mond, terwijl een koortslip optreedt op of rondom de lippen. Een koortslip wordt veroorzaakt door het herpesvirus en is erg besmettelijk. De oorzaak van aften is nog onbekend, al zijn wetenschappers er al tijden naar op zoek. Uit onderzoek blijkt dat deze ontsteking het resultaat is van een ongewone immuunreactie tegen het mondslijmvlies. Van verschillende bacteriën en virussen is onderzocht of zij de oorzaak zijn, maar geen van alle is de boosdoener.

Wat is kippenvel?

Het komt allemaal door de *arrectores pilorum*.

Wat is de arrectores pilorum, zult u vragen?

Deze piepkleine spiertjes, die de haren oprichten, trekken samen en duwen de haarzakjes boven de huid uit. Dat is kippenvel.

Waar wordt het door veroorzaakt?

Het begint met een prikkel, zoals angst, kou of je eigen spiegelbeeld na een avond wodka zuipen. Dat zorgt ervoor dat het sympathisch zenuwstelsel wordt geactiveerd. Het sympathisch zenuwstelsel is verantwoordelijk voor de 'vechten of vluchten'-respons van het lichaam. Die stuurt een boodschap naar de huid en activeert die kleine spiertjes.

'Saturday Night Palsy' is een verschijnsel dat je vaak tegenkomt op de spoedeisende hulp, geen vervolg op een John Travolta-film. Het wordt veroorzaakt door hetzelfde verschijnsel waardoor je voet gaat slapen, maar dan net een graadje erger. Bij deze 'zaterdagavondverlamming' kan iemand, die meestal ontzettend dronken is, zijn arm of been niet meer bewegen vanwege het getintel in een van zijn ledematen omdat het 'slaapt'. Het kan leiden tot tijdelijke of zelfs permanente schade aan de zenuwen.

Onder normale omstandigheden vindt er het volgende plaats: als er druk wordt uitgeoefend op een deel van je arm of been, gebeuren er verschillende dingen. Slagaders kunnen worden samengedrukt, zodat de weefsels en zenuwen niet worden voorzien van de zuurstof en glucose die ze nodig hebben om te kunnen functioneren. Ook kunnen zenuwbanen geblokkeerd raken, zodat er geen normale transmissie plaatsvindt van elektrochemische impulsen naar de hersenen. Sommige zenuwen stoppen met signalen doorgeven, terwijl andere dat juist te veel gaan doen. Deze signalen worden naar de hersenen gestuurd, waar ze worden geïnterpreteerd als een brandend, prikkelend of tintelend gevoel. Dit gevoel, paresthesie, waarschuwt je dat je je voet moet bewegen. Als je je voet schudt gaat de druk ervan af en vloeit voedingrijk bloed terug naar het gebied en beginnen de zenuwcellen normalere signalen af te geven. Het prikkerige gevoel kan verhevigen tot de zenuwcellen zich herstellen. Daarom doet het zeer als je je slapende arm of been probeert 'wakker' te maken.

Aanhoudende gevoelloosheid of een langdurig prikkelend gevoel kan duiden op bepaalde medische aandoeningen, en in die gevallen moet je naar de huisarts.

Waarom krijg je wallen onder je ogen als je moe bent?

Ben je uitgeput? Vraag je je af waarom je wallen onder je ogen krijgt en er net zo uitziet als John Kerry of Droopy Dog?

Gebrek aan goede slaap waar je van uitrust veroorzaakt vaak donkere wallen om redenen die niet helemaal duidelijk zijn. De huid rondom de ogen is de dunste van het hele lichaam, en door die dunne huid heen is donker, aderlijk bloed te zien.

Donkere wallen onder de ogen zijn een veelvoorkomend probleem. Het lijkt erfelijk te zijn en kan verergeren naarmate je ouder wordt, omdat je huid dan dunner wordt. Bij voldoende rust, goede voeding en een goede gezondheid in het algemeen zijn de wallen vaak minder goed te zien. Je kunt ook permanent een zonnebril opzetten.

Waarom moet je lachen als je gekieteld wordt?

Tijdens de studie geneeskunde leer je niet al te veel over lachen. Dat komt waarschijnlijk niet als een verrassing, aangezien medici nogal serieus zijn. Ze komen nog het meest in aanraking met humor via de fysiologische studie naar het lachen, de gelotologie. Er is zelfs een soort epileptische aanval, de gelastische aanval, waarbij het slachtoffer onbedaarlijk moet lachen.

Lachen is een complex proces waarbij een grote hoeveelheid spieren over het hele lichaam moet samenwerken. Lachen zorgt voor een hogere bloeddruk en hartslag, veranderingen in de ademhaling, een verlaging van bepaalde neurochemische stoffen en mogelijk een stimulans van het immuunsysteem. Al met al is het dus goed voor je.

Onderzoekers hebben geprobeerd het nut van lachen te ontraadselen en veel mensen geloven dat het doel van lachen verband houdt met het aangaan en verstevigen van menselijke relaties, een soort sociaal signaal. Onderzoek heeft uitgewezen dat mensen dertig keer zoveel kans hebben om te lachen in een sociale omgeving als wanneer ze alleen zijn. Ook wordt gesuggereerd dat de herkomst van de lach dateert van vóór de evolutie van de mens.

En hoe zit het dan met het verband tussen kietelen en lachen?

In feite is lachen naar aanleiding van kietelen een reflex. Onderzoekers weten niet precies hoe het werkt, maar omdat je jezelf niet kunt kietelen, lijkt voor de reflex een verrassingselement nodig te zijn.

Waarom stinkt en vlekt zweet?

In het Engels zweet je niet als een otter, maar als een varken. Maar geen van beide uitdrukkingen klopt. Otters en varkens zweten niet. Ze hebben geen zweetklieren, en daarom moeten ze door water of modder wentelen om af te koelen.

Wat mensen betreft, wij zweten automatisch om overtollige warmte kwijt te raken en onze lichaamstemperatuur op peil te houden. Gemiddeld heeft iedereen 2,6 miljoen zweetklieren verspreid over het hele lichaam, behalve op de lippen, tepels en uitwendige geslachtsorganen. Er zijn twee verschillende types zweetklieren, eccriene en apocriene. Deze klieren verschillen in omvang en produceren verschillende soorten zweet. Eccriene klieren bevinden zich over het hele lichaam. Apocriene klieren zijn anders omdat ze overwegend te vinden zijn in de oksels en de schaamstreek. Ze zijn groter en komen uit in haarzakjes. Hoewel zweet grotendeels uit water bestaat, is het de kleine hoeveelheid proteïne en vettige zuren in de apocriene zweetklieren die okselzweet een prachtige melkachtige of gelige kleur geven. Dat zorgt ook voor vlekken.

Zweet zelf is geurloos als het uit de oksels of andere

delen van het lichaam komt. Zweet begint pas te stinken als het zich mengt met bacteriën die van nature op het huidoppervlak voorkomen. De herkenbare geur wordt *bromhydrose* genoemd – onwelriekend zweet.

GOLDBERG: Ik wilde nog een mop over een New Yorkse taxichauffeur vastplakken aan deze vraag.

GOLDBERG: Nog ideeën?

LEYNER: Hoe gaat die mop dan?

LEYNER: Ik ben gek op moppen.

LEYNER: Hoe gaat die mop over die stinkende taxichauffeur?

GOLDBERG: Ik ken er geen, maar in taxi's stinkt het altijd zo.

GOLDBERG: Dat moet liggen aan die smerige luchtverfrissers óf aan vieze lichaamsgeur...

LEYNER: Zie je wel! Het hangt allemaal samen met economie... taxichauffeurs zetten de airco niet aan... dus natuurlijk gaan ze stinken, vooral als ze midden in de zomer zo'n Ierse visserstrui en rubberen ondergoed aan hebben.

LEYNER: Ik vind luchtverfrisser nog erger dan de geur die verdoezeld moet worden... Daardoor ga ik juist denken aan wat diegene wil verhullen, dus wordt dat stankverhaal nog erger.

GOLDBERG: Ik weet niet. Het hangt ervan af over wat voor soort geur je het hebt. In het ziekenhuis heb je een paar heel penetrante luchtjes die je wel móet verhullen, zoals...

GOLDBERG: Aarspus en...

GOLDBERG: ... bloedpoep, die...

GOLDBERG: Echt namen voor een punkband.

LEYNER: Roept zweet niet een of andere onbewuste (of

misschien wel bewuste) seksuele reactie op? En...

LEYNER: Wat ís aarspus in godsnaam?

GOLDBERG: Als je een perirectaal abces of *sinus piloni-dalis* (haarnestcyste) hebt. Als je die leegmaakt, stinkt het afgrijselijk.

LEYNER: O... dat valt best mee.

LEYNER: Dat heb ik wel eens geroken.

LEYNER: Ik heb zo'n sinus pilonidalis, maar wel een sluimerende.

GOLDBERG: Jij hebt altijd een obsessie gehad voor geurtjes.

LEYNER: Op Brandeis leerde ik een meisje kennen dat er ook een had, en we weekten ze samen. Echt waar.

GOLDBERG: Pusbaden.

LEYNER: Mooie herinneringen heb ik aan haar.

GOLDBERG: Een pusmus.

LEYNER: Ja... pusbaden. We waren jong en idealistisch.

LEYNER: Heeft een sinus pilonidalis misschien iets te maken met een rudimentaire staart?

GOLDBERG: Weet ik niet.

LEYNER: Dat is een doodsimpele medische vraag en jij zegt: 'Weet ik niet'!!!!!

GOLDBERG: Daarmee komen we terug bij het oorspronkelijke doel van dit boek. Ze leren je nooit de vreemde dingen die mensen echt willen weten.

16.30

LEYNER: Mijn opa ging altijd naar Hot Springs in Arkansas om te 'baden'. Dat zei hij tenminste tegen mijn oma.

GOLDBERG: Ik kan tot in detail de techniek beschrijven om een sinus pilonidalis te verwijderen of vertellen over marsupialisatie, als je de zijkanten vastzet.

GOLDBERG: Dat wil nou weer niemand weten.

GOLDBERG: En dan word ik bespot door een of ander opgeblazen schrijvertje dat zichzelf niet eens uit een peperen zak kan marsupialiseren.

GOLDBERG: Niet een peperen zak maar een papieren zak.

LEYNER: Stellen mensen je rare vragen op de eerste hulp? Of zijn ze te bang voor de hakbijlen die in hun hoofd zitten om een praatje te maken?

LEYNER: Dat mag je wel eens uitleggen, man!!

GOLDBERG: Wat moet ik uitleggen?

LEYNER: Wat is marsupialisatie?

GOLDBERG: Je snijdt de cyste open en naait beide kanten vast, zodat hij niet terugkomt. Je maakt er een soort buideltje van.

LEYNER: Misschien laat ik dat wel doen! Dan heb ik een kangoeroekont!

Wat is snot?

Mucus, fluimen, snot, spuug, sputum: allemaal variaties op hetzelfde thema. Deze woorden worden gebruikt om verschillende vormen van slijm te omschrijven, een substantie die verschillende vliezen van het lichaam bekleedt (die uiteraard slijmvliezen worden genoemd). Slijm bestaat voornamelijk uit *mucine* (eiwitten die het slijmvlies vochtig houden) en anorganische zouten opgelost in water. Slijm beschermt de longen door vreemde deeltjes die tijdens de normale ademhaling via de neus binnenkomen weg te vangen. Ook vergemakkelijkt slijm het slikken en voorkomt het dat maagzuur de maagwand aantast.

Wat de andere soorten betreft: mucus is een soort slijm.

Het kenmerk van mucus is dat het zich beperkt tot het slijm dat wordt geproduceerd door de luchtwegen, in tegenstelling tot het slijm uit de neuswegen (dat we snot noemen) en slijm dat je opgeeft door te hoesten (fluimen of sputum). In de middeleeuwse geneeskunde werd slijm, ofwel flegma, gerekend tot een van de vier lichaamssappen, en had de eigenschappen koud en vochtig. Flegma werd verantwoordelijk gehouden voor apathisch en sloom gedrag, vandaar het woord flegmatisch, dat ervan afgeleid is.

De aanwezigheid van slijm in de neus en keel is normaal. Als je ziek bent kan het slijm dikker worden en van kleur veranderen. Kleur is geen duidelijke indicatie van een bacteriële ontsteking, maar aanhoudend groen of oranjeachtig slijm kan op een ernstiger aandoening duiden.

Voor de doe-het-zelvers onder ons zijn er veel manieren om zelf slijm te maken ter voorbereiding op een medische carrière:

RECEPT

Ingrediënten
200-400 gram verse okra's (bij de toko)
250-500 milliliter water (hoe minder water je toevoegt, hoe dikker het slijm wordt)

Bereiding
1 Snijd de okra's in grote stukken en doe die in een steelpan met goed sluitend deksel.
2 Voeg water toe en kook de okra's 10 tot 15 minuten, tot het donker-grijsgroen van kleur is en heel zacht.
3 Zet het vuur uit en neem het deksel van de pan. Laat de slijmerige substantie afkoelen.
4 Zeef de slijmerige prut in een schaal en gooi het restant weg.

Of

1 Roer een halve kop borax (boorzuur, verkrijgbaar bij de drogist) in 500 milliliter warm water. Het is niet erg als er wat borax niet oplost. Laat de oplossing afkoelen tot kamertemperatuur.
2 Roer in een ander bakje 2 eetlepels houtlijm door 3 eetlepels water.
3 Roer een paar druppels voedingskleurstof door het lijmmengsel.
4 Voeg een eetlepel van de boraxoplossing toe aan het lijmmengsel. Roer (in een bakje) of schud (in een zakje).

Wat is slaapzand?

Om deze vraag te beantwoorden hebben we een van mijn slimste vrienden gebeld, een oogarts die heeft gestudeerd aan een gerenommeerde Ivy League-universiteit en retinachirurg is in een vooraanstaand universitair ziekenhuis. Hij is het type dat me Proust stuurt voor mijn verjaardag. Kijkt geen tv. Luistert naar verantwoorde radioprogramma's op NPR. Dus voor het antwoord moeten we bij hem zijn...

Niet dus. Hij zegt dat hij het zal opzoeken. Dat laat maar weer eens zien dat de opleiding geneeskunde de simpelste dingen soms over het hoofd ziet.

Maar wie weet het antwoord dan wel? Honorair arts en expert op het gebied van medische rariteiten Mark Leyner heeft over deze aandoening geschreven in het tijdschrift *Maximum Golf*. Daarin hoort een pseudoschizofrene golfer twee golfverslaggevers in zijn hoofd de volgende discussie voeren:

VERSLAGGEVER B: Michael ligt een beetje scheef – ik zou zeggen zo'n 30 centimeter van de linkerrand van het matras en misschien een halve meter van de rechterrand. Hij heeft zijn linkerarm onder het kussen...

VERSLAGGEVER A: Dat als ik het goed heb bestaat uit een 245-draads katoenkeper hoes gevuld met een mengsel van 95 procent Canadese veren en 5 procent dons.

VERSLAGGEVER B: Wat zit daar in de hoek van zijn linkeroog? Een klein smaragdgroen korreltje. Kun jij zien wat het is?

VERSLAGGEVER A: Dat is de mucopolysacharideafscheiding van de traanklier die zich in de loop van de nacht heeft verzameld en is gekristalliseerd, Bobby.

VERSLAGGEVER B: Slaapzand. Mijn moeder noemde dat altijd strontjes.

VERSLAGGEVER A: Nou, wij hebben een prachtig bovenaanzicht van Michaels slaapzand vanuit het MetLife-ruimtevaartuig Snoopy Two dat op een hoogte van 1200 voet met 50 kilometer per uur overvliegt. Onze dank aan Captain William Schmickling en zijn bemanning voor die opname. Prachtig, prachtig.

VERSLAGGEVER B: Chris, hij moet dat spul daar weghalen. Wat zou jij in dit geval doen?

VERSLAGGEVER A: Er komt een zacht briesje door het openstaande raam, maar niet krachtig genoeg om het doeltreffend te verwijderen. Ik zou een wijsvinger gebruiken, deze op de ooghoek zetten, precies op de traanbuis, en het deeltje heel voorzichtig, heel behendig wegrollen.

VERSLAGGEVER B: Je kunt niet voorzichtig genoeg zijn.

VERSLAGGEVER A: Het gewoon weghalen, dat heeft hij weer goed gedaan.

VERSLAGGEVER B: Dat doet me denken aan die keer dat Ernie Els een oog vol strandloperstront kreeg bij de AT&T Pebble Beach National Pro-Am 1995. Hij speelde de *back nine* praktisch halfblind. Een van de fraaiste toonbeelden van moed die ik ooit heb gezien.

Slaapzand is helemaal niet erg. Als je slaapt, vormt zich een mengsel van olie, zweet en tranen in je ooghoeken. Als die tranen opdrogen krijg je zo'n lekker klontje.

Wat zijn die halvemaantjes op je nagels?

Het lichte halvemaantje aan het begin van elke nagel wordt de *lunula* genoemd. Het laat zien dat het verhardingsproces nog niet helemaal is voltooid.

De American Academy of Dermatology schotelt ons deze nagelweetjes voor:

– Nagels groeien met 0,1 millimeter per dag.
– Vingernagels groeien meestal wat sneller dan teennagels.
– Teennagels zijn gemiddeld tweemaal zo dik als vingernagels.
– Over het algemeen groeien nagels in de zomer sneller dan in de winter.
– Mannennagels groeien meestal sneller dan vrouwennagels.
– Nagels van je schrijfhand groeien meestal sneller.

Alles wat je (niet) wilt weten over seks

Het feest is nog steeds aan de gang en is in rustiger, romantischer vaarwater terechtgekomen. Leyner zit op de bank met zijn Assepoester en is miniloempia's van haar samengegroeide tenen aan het eten terwijl ze samen uit zijn fles tequila drinken. Goddank ben ik verlost van de vragen over het lichaam en kan ik eindelijk zelf iets drinken. Het drama van de avond lijkt voorbij te zijn, totdat ik Leyner hoor roepen: 'Kan iemand wat *duck sauce* voor me halen?' Leyner is te ongeduldig en zijn libido staat duidelijk in vuur en vlam, dus kan hij niet wachten tot het personeel de gewenste Chinese zoetzure saus heeft gevonden.

Ik loop naar de andere kant van de drukke kamer en hoor Leyner een clubje onderrichten over zelfgemaakte en alternatieve glijmiddelen. Als ik naar voren ben gedrongen zie ik dat Leyner zorgvuldig afgemeten hoeveelheden tabasco, uitgelopen brie en een scheutje van zijn kostbare tequila staat te mixen tot wat hij zijn 'pittige seksbalsem' noemt. Ik opper dat de tabasco contacteczeem kan veroorzaken op de gevoeliger delen van het lichaam, maar Leyner slaat mijn medische advies liever in de wind als hij zijn nieuwe 'speciale' vriendin naar zijn geïmproviseerde laboratorium leidt.

Ik mag als achterblijver een lawine aan vragen over seks beantwoorden. Met anatomisch correcte poppen, *Sex and the City* en internetporno zou je denken dat er niets meer te vragen valt. Maar er zijn nog steeds vragen die mensen niet durven te stellen vóór ze hun derde borrel op hebben.

Is sperma voedzaam? En word je er dik van?

Je bent wat je eet. In dit geval is dat wel een beetje waar, omdat sperma belangrijk genetisch materiaal bevat. Maar ondanks zijn belangrijke bestanddelen is sperma niet speciaal voedzaam of dikmakend. De gemiddelde lozing, ongeveer 5 milliliter, bevat tussen de twee- en driehonderd miljoen zaadcellen. Totaal aantal calorieën: ongeveer vijf. Deze calorieën zijn afkomstig van eiwitten en onder meer enzymen en suikers (vooral druivensuiker) in de zaadvloeistof (*semen*), afgescheiden door de prostaatklier om het sperma de energie te geven te zwemmen.

Ander gezond spul in de zaadvloeistof is water, vitamine C, citroenzuur, fosfaat, bicarbonaat, zink en prostaglandinen. Een echt kampioenenontbijt.

Kun je zwanger raken als je ongesteld bent?

In de jaren zeventig was er na schooltijd een tv-programma waarin twee meisjes zich afvroegen of je zwanger kon raken als je in een nat badpak met een jongen zoende. Dat kan absoluut niet, maar het antwoord op bovenstaande vraag is ietsje ingewikkelder.

Het komt erop neer dat het kan.

Om te beginnen zijn niet alle bloedingen echte menstruatie. Soms kan een vrouw wat bloeden tijdens de eisprong, en dat is een heel goed moment om zwanger te worden.

Bovendien vindt bij een vrouw die een korte cyclus heeft (ongeveer 21 dagen), de eisprong plaats op de zevende dag van haar cyclus. Dat is de zevende dag vanaf de eerste dag van haar menstruatie, en als haar menstruatie zeven dagen duurt kan het zijn dat de menstruatie nog net niet gestopt is op het moment dat ze ovuleert.

Verwarrend? Veilig vrijen is in elk geval een veel betere optie.

Raak je echt opgewonden van oesters?

Oesters lijken onmiskenbaar op een bepaald lichaamsdeel, maar dat maakt ze nog geen afrodisiacum. Er zijn allerlei soorten voedsel en substanties die als zodanig worden beschouwd. Hoewel er geen wetenschap is om te bewijzen dat deze werken, bestaan er wel theorieën over oesters.

Oesters zitten boordevol vitaminen en mineralen, vooral zink. Zink is bepalend voor het progesteronniveau, dat een positief effect heeft op het libido. Ander voedsel en producten waar je van in de stemming kunt raken zijn:

- chocola
- aardbeien
- champagne
- Spaanse vlieg
- Animal Crackers (maar alleen als je ze nuttigt tijdens de seks en doopt in Spaanse vlieg)

Grote handen, grote...?

Toen ik in Spanje was, hoorde ik dat Spanjaarden dachten dat aan de afstand van de ene kant van de neus over de punt naar de andere kant af te lezen was hoe groot je penis is. Omdat ik, Billy, nogal een grote kokkerd heb, was ik daar blij mee. Maar als deze meting klopt, moet het Geppetto heel wat moeite hebben gekost om een broek te maken die Pinokkio paste en had Cyrano de Bergerac niet zo veel liefdesbrieven voor anderen hoeven schrijven. Helaas is niets van dit alles waar.

Evenmin schijnt er bewijs te zijn dat de grootte van je handen samenhangt met de omvang van je klokkenspel.

Wat schoenmaat betreft hebben twee urologen in een onderzoek in het *British Journal of Urology* de uitgestrekte penislengte van 104 mannen opgemeten en deze vergeleken met hun schoenmaat. Ze kwamen tot de conclusie dat er geen verband bestaat.

Over andere omvangkwesties valt tot slot nog te melden dat een kleine penis tijdens de erectie meer opzwelt dan een grote. En aangezien de gevoelige seksuele delen van een vrouw zich in en rondom het buitenste derde deel van de vagina bevinden, is er niet per se een grote penis voor nodig om haar te behagen. Omvang is écht niet belangrijk, dames.

Waarom worden mannen 's ochtends wakker met een erectie?

Heb je het misschien over de ochtenderectie? Of bedoel je de ODOL, de Ontzettend Dikke Ochtend Lul? Of Morning Glory? Er zijn veel benamingen voor dit ochtendverschijnsel, maar er is slechts één goede verklaring voor de oorzaak ervan.

Deze erecties worden ervaren in de remfase (*rapid eye movement*) van de slaap. Remslaap komt vaak voor vlak voordat je wakker wordt.

Erecties kunnen ook op andere momenten zonder enige prikkel van buitenaf optreden. Er is geen wetenschappelijke verklaring waarom deze spontane erecties altijd optreden op de gênantste momenten (feestjes, vakantie, film, bruiloften, begrafenissen).

Professor Leyner heeft uitvoerig over het onderwerp geschreven. Het voornoemde wetenschappelijke onderzoekstijdschrift *Maximum Golf* bevat dit fragment:

VERSLAGGEVER B: Voor wie net inschakelt, Michael Neubauer ligt nog steeds in bed, maar er treedt een interessant verschijnsel op.

VERSLAGGEVER A: Dat is een erectie, Bobby. Dat is een

ouderwetse ochtenderectie. Beter dan dat kun je het niet omschrijven. De zwellichamen (*corpora cavernosa*) en het sponslichaam (*corpus spongiosum*) worden volgepompt met bloed. Een schoolvoorbeeld. Wat jij?

VERSLAGGEVER B: Ik vind dat je er even flink aan moet sjorren, Chris.

VERSLAGGEVER A: Blijkbaar kan Michael Neubauer je horen, want het ziet ernaar uit dat hij dat gaat doen.

VERSLAGGEVER B: Ik vind het echt leuk wat hij nu probeert. Hij maakt in gedachten een flitsende collage van actrices, modellen en sportsterren. Daar hebben we Renée Zellweger, Neve Campbell, Liv Tyler, Catherine Zeta-Jones, Britney Spears, Salma Hayek, Foxy Brown, Niki Taylor, Lil' Kim, Melissa Joan Hart, Charlize Theron, Sarah Michelle Gellar, Zaha Hadid, Benazir Bhutto, Se Ri Pak, Karrie Webb, Serena Williams, Anna Kournikova, Jelena Dokic, Mary Pierce. Nu gaat hij nog verder terug, daar zijn er een paar uit het jaarboek van school, daar een voormalige oppas. Hij graast echt zijn hele geheugen af, daar heb je een van de mahjongpartners van zijn grootmoeder met die flubberarmen...

VERSLAGGEVER A: Wat zou jij in dit geval doen?

VERSLAGGEVER B: Je probeert wat erotische tractie te krijgen. Je zoekt naar dat gezicht of dat lichaam dat precies goed voelt, weet je, waar je je op kunt fixeren, en dan probeer je er de stem bij te halen, precies de juiste aanmoediging: Michael... ja, ja... o Michael, ja, lekker, ja!

VERSLAGGEVER A: Wat vind je nu van zijn bewegingen, Bobby?

VERSLAGGEVER B: Fenomenaal. Hij heeft een goed ritme te pakken.

VERSLAGGEVER A: Wat een trekgevoel. Je ziet gewoon dat hij helemaal niets te verliezen heeft.

VERSLAGGEVER B: Eén waarschuwing. Je moet de computer en boeken daar wel vermijden...

VERSLAGGEVER A: Ik denk dat we een kritiek punt bereiken, Bobby.
VERSLAGGEVER B: Veel beter krijg je ze niet, Chris. Wat een schot!

Zijn mensen in een rolstoel nog in staat tot seks?

Als een opgewonden man de pech heeft dat zijn ruggenmerg is beschadigd, dan hangt zijn vermogen om seksuele gemeenschap te hebben af van waar de dwarslaesie zich bevindt. Mannen hebben normaal gesproken twee soorten erecties, psychogene erecties, die het resultaat zijn van seksuele gedachten, en reflexmatige erecties, die het resultaat zijn van direct fysiek contact.

Psychogene erecties ontwikkelen zich vanuit de zenuwen in het ruggenmerg die onder aan de ruggengraat naar buiten komen op het T10-L2-niveau. Over het algemeen kan een man met een incomplete lage dwarslaesie eerder een psychogene erectie krijgen dan mannen met een incomplete hoge dwarslaesie. Mannen met een complete dwarslaesie hebben minder kans op een psychogene erectie.

Reflexmatige erecties ontstaan in het sacrale deel van het ruggenmerg. Als deze baan niet is beschadigd kunnen veel mannen met een dwarslaesie een reflexmatige erectie krijgen door middel van fysieke prikkels.

Is het waar dat je je penis kunt breken?

Tot onze grote spijt moeten we dit beamen. Er zit geen bot in je pik, maar je kunt de penis scheuren, een zogenaamde penisbreuk. Door plotseling letsel of buigen van een penis in erectie kan het stevige, beschermende weefsel rondom de zwellichamen (*corpora cavernosa*), die een erectie produceren, breken.

Dit gebeurt het vaakst tijdens de coïtus. Maar verwacht

geen gips en krukken. Deze verwonding is een noodgeval en er is een operatie voor nodig om seksuele stoornissen te voorkomen. Au!

Leidt masturberen tot stotteren, blindheid of harige handen?

Als arts moet je een hoop medische onderzoeken lezen. Het huis ligt bezaaid met stapels van *The New England Journal of Medicine* en de *Annals of Emergency Medicine*. Die taaie materie zorgt zelden voor opwinding, tenzij je stuit op *The Journal of the American Medical Association* van 7 april 2004.

Als jongetje word je opgezadeld met de angst dat masturberen leidt tot stotteren, blindheid of harige handen. Zelfs als je gevrijwaard blijft van deze kwalen kun je je ontaard voelen als je te vaak aan zelfbevrediging doet. Maar niet gevreesd. In het artikel 'Ejaculation Frequency and Prostate Cancer' ontdek je eindelijk dat het goed kan zijn om je af te trekken. In dit artikel staat dat de ejaculatiefrequentie niet gerelateerd is aan een verhoogde kans op prostaatkanker en dat de groep met een ejaculatiefrequentie van meer dan 21 keer per maand minder kans heeft op prostaatkanker. Super! En geen harige handen.

Verlies je je maagdelijkheid als je voor het eerst een tampon in doet?

Deze veel voorkomende vraag werd gesteld door een vriendin van het nichtje van dokter Billy. De meningen over de vraag wanneer je je maagdelijkheid verliest lopen wijd uiteen, maar de meeste deskundigen zijn het erover eens dat vrouwen hun maagdelijkheid verliezen als ze voor het eerst vaginale gemeenschap hebben.

Deze vraag concentreert zich vooral op het idee dat alleen een maagdelijk maagdenvlies (eigenlijk geen vlies, maar een randje weefsel dat rond de ingang van de vagina zit) bewijst dat een vrouw maagd is. Het is mogelijk dat het maagdenvlies van een vrouw inscheurt tijdens bezigheden als sport of masturbatie. Van tampons kan het maagdenvlies wat inscheuren, maar meestal niet helemaal. Hoe dan ook, vandaag de dag geloven de meeste mensen dat de staat van het maagdenvlies niets te maken heeft met de definitie van een maagd.

Waarom worden tepels hard?

Kleine spiercellen die cilindrisch in de tepel zitten zorgen ervoor dat de tepel hard wordt. Dit gebeurt als ze worden gestimuleerd door koude temperaturen of seksuele opwinding.

Waardoor krimpt een penis?

Een penis die in slappe uitgerekte toestand meer dan ongeveer tweeënhalf maal de standaard afwijking kleiner is dan de gemiddelde lengte van penissen van mannen in dezelfde leeftijdsgroep wordt in medische termen een micropenis genoemd. Dat is geen aanduiding waar een zichzelf respecterende man zich op wil laten voorstaan, maar de perceptie van penislengte kan bedrieglijk zijn.

Koude lucht, koud water, angst, woede of paniek kunnen ervoor zorgen dat penis, scrotum en testikels dichter tegen het lichaam aan worden getrokken, zodat ze krimpen tot de lengte van een micropenis.

Warmte kan er echter voor zorgen dat een penis langer wordt. Hoewel de lengte van de niet-stijve penis van man tot man zeer sterk uiteen kan lopen, zijn deze verschillen bij erectie minder groot. Zelfs *Seinfeld* liet zijn licht schijnen over het krimpprobleem.

Hier zijn wat penisijkpunten:

1 *The Kinsey Report*, 1948: gemiddelde lengte 15,25 centimeter met standaard afwijking van 1,96 centimeter.
2 Onderzoek van Wessels et. al., 1996: gemiddelde lengte 13,0 centimeter.
3 Andere onderzoeken: gemiddelde lengte 14,5 centimeter.

Vermindert besnijdenis de lol in seks?

De discussie over besnijdenis is al jaren aan de gang. Sommige Amerikaanse medisch deskundigen zijn van mening dat alle pasgeboren jongetjes moeten worden besneden. De voorstanders halen het lagere aantal blaasontstekingen en seksueel overdraagbare ziekten onder besneden mannen aan, het andere kamp benadrukt de pijn en stress die de baby tijdens de besnijdenis moet ondergaan. Anderen denken dat de voordelen van besnijdenis niet groot genoeg zijn om de mogelijke complicaties van de ingreep te rechtvaardigen. In 1999 ontdekte de American Academy of Pediatric Task Force on Circumcision mogelijke medische voordelen van besnijdenis, maar besloot dat het bewijs niet sterk genoeg was om besnijdenis algemeen aan te raden. Maar laten we teruggaan naar belangrijker zaken: seks.

In de urologische literatuur zijn verschillende onderzoeken te vinden over het effect van mannelijke besnijdenis op de seksuele bevrediging van mannen. Deze onderzoeken kwamen tot tegenstrijdige conclusies.

Het effect van mannelijke besnijdenis op het seksuele genot van de vrouwelijke partner werd eveneens onderzocht in een onderzoek in het *British Journal of Urology*. De auteurs concludeerden dat 'vrouwen de voorkeur geven aan vaginale gemeenschap met een anatomisch complete penis boven die met een besneden penis'. Interessant genoeg hebben de auteurs van het onderzoek ook een boek getiteld *Sex As Nature Intended It* geschreven en gepubliceerd. Ze wierven een deel van de vrijwilligers voor hun onderzoek via een advertentie in een nieuwsbrief tegen besnijdenis. Dat zeggen we niet als besneden mannen, maar als onpartijdige lezers van medische literatuur.

Interessante besnijdenisweetjes:

- De twaalfde-eeuwse arts en rabbi Moses Maimonides propageerde mannelijke besnijdenis omdat het de seksuele lust van de man zou inperken.
- Mannelijke besnijdenis werd eind negentiende eeuw in Engelssprekende landen geïntroduceerd om masturbatie te behandelen en te voorkomen.
- Bij mannelijke besnijdenis, de meest voorkomende chirurgische ingreep in de Verenigde Staten, wordt 33 tot 50 procent van de penishuid verwijderd alsmede bijna alle gevoelige neuroreceptoren van de penis.

Beïnvloedt het soort ondergoed dat een man draagt zijn vruchtbaarheid?

Iedereen heeft zo zijn voorkeur.

President Clinton onthulde op MTV dat hij de voorkeur gaf aan een boxershort.

Kramer uit *Seinfeld* zei: 'Ik moet de betrouwbare stevigheid hebben van een slip. Die jongens van me hebben bescherming nodig!'

De vraag is of er wetenschappelijke argumenten zijn om tot een beslissing te komen.

Aanvankelijk werd aangenomen dat strak ondergoed kon leiden tot onvruchtbaarheid omdat het de temperatuur van de testikels dusdanig kon opvoeren dat het de spermaproductie belemmert.

In een onderzoek in *The Journal of Urology* uit 1998

analyseerden drs. Robert Munkelwitz en Bruce R. Gilbert zaadmonsters van 97 mannen met vruchtbaarheidsproblemen. De ene helft van hen droeg een slip, de andere helft een boxershort. De onderzoekers namen de scrotum-, lichaams- en huidtemperatuur van de mannen op als ze ondergoed droegen en als ze naakt waren. Ze vonden geen significante verschillen tussen de twee groepen mannen qua scrotumtemperatuur, hoeveelheid sperma, spermaconcentratie of beweeglijkheid van het sperma (motiliteit).

Het doel van het scrotum is de testikels op een temperatuur van gemiddeld 2,5 graden lager dan de rest van het lichaam te houden (ongeveer 34,2 graden). Het lijkt erop dat het scrotum zijn werk toch wel doet, of je nou een boxershort of slip draagt of au naturel bent.

Dus volg je eigen voorkeur, je sperma merkt het verschil toch niet.

Bestaat er echt een g-plek?

In een artikel in de *American Journal of Obstetrics and Gynecology* uit 2001 werd de g-plek een soort gynaecologische UFO genoemd. Nou, de auteurs van dat artikel willen zich misschien voorbereiden op een reis door de ruimte. Althans als ze dit artikel van de Universiteit van Caïro hebben gelezen: 'The Electrovaginogram: Study of the Vaginal Electric Activity and Its Role in the Sexual Act and Disorders'. In dat onderzoek bestudeerden de auteurs de hypothese dat de vagina elektrische golven voortbrengt, die de vaginale samentrekking beïnvloeden tijdens penisstoten. Ze ontdekten dat er elektrische golven konden worden gemeten vanuit de vagina. Ze poneerden ook dat er een vaginale 'gangmaker' was die de g-plek lijkt te zijn, een klein plekje erotische gevoeligheid in de vagina.

Wat is nu dat vaginale monster van Loch Ness?

De g-plek is gewoon een klein plekje in de bovenste vaginawand, aan de buikzijde, op ongeveer vijf à zeven centimeter van de vaginaopening. De g-plek is vernoemd naar Ernst Gräfenberg, een Duitse arts die in de jaren vijftig een artikel schreef waarin hij gewag maakte van een erotische zone aan de voorwand van de vagina die zou opzwellen tijdens seksuele prikkels.

De meningen over de manier waarop de g-plek het best te vinden is lopen uiteen. Sommige vrouwen vinden dat ze tijdens het vrijen het beste bovenop kunnen zitten. Anderen beweren dat hun g-plek het best te bereiken is als ze van achteren worden genomen. Er zijn er zelfs die beweren dat het door de locatie makkelijker is de g-plek te stimuleren als de penis korter en kleiner is. Voor wie benieuwd is waar de g-plek zich bevindt is het handig om te weten dat sommige vrouwen plotseling behoefte hebben om te plassen als hij wordt aangeraakt. Wat niet zo vreemd is, aangezien hij vlak naast de plasbuis ligt.

Werken Kegel-oefeningen echt?

Voor wie nog nooit heeft gehoord van Kegel-oefeningen, je hoeft niet op de sportschool te vragen of ze daar cursussen in hebben.

Kegel-oefeningen werden oorspronkelijk ontwikkeld ter bestrijding van incontinentie bij vrouwen die net een kind hadden gebaard. Ze zijn genoemd naar Arnold Kegel, een arts uit Los Angeles die de oefeningen in de jaren 1940 propageerde. Het principe van Kegel-oefeningen is de spieren van het bekkenbodem te verstevigen, ook wel de 'pubococcy-geusspieren' genoemd. Deze spieren lopen van de achter- naar de voorkant van je schaambeen en omringen de opening van de vagina en het rectum. Als je die verstevigt functioneren de spieren rond de plasbuis en de anus beter.

Deze oefeningen worden aangeraden aan vrouwen met incontinentieproblemen, maar anderen doen Kegel-oefeningen om leukere redenen.

Voorstanders zijn van mening dat een vrouw op allerlei manieren baat kan hebben bij het trainen van haar vagina. Ze beweren dat het makkelijker voor haar wordt om klaar te komen, orgasmes beter of heviger worden en de vagina gevoeliger wordt.

Kun je van een heet bad onvruchtbaar worden?

Warmte is schadelijk voor sperma, en in theorie kan het de mannelijke vruchtbaarheid tot op zekere hoogte beïnvloeden. Maar er is geen duidelijk wetenschappelijk bewijs dat een heet bad slecht is. Als je hebt liggen weken is er tijdelijk misschien verminderde spermafunctie, en veelvuldig, langdurig baden zou problemen kunnen veroorzaken, maar niet ernstig genoeg om het badderen helemaal af te zweren.

Sauna's lijken de vruchtbaarheid evenmin nadelig te beïnvloeden. In een paar onderzoeken is geconstateerd dat er na saunabezoek minder sperma of minder spermamotiliteit was, maar in Finland, waar zich de meeste sauna's bevinden, hebben mannen een hoog spermagehalte en geen aanwijsbare vruchtbaarheidsproblemen.

Hebben mannen vaker behoefte aan seks dan vrouwen?

Mannen krijgen vaak te horen dat ze in gedachten seks hebben, en dat zou wel eens kunnen kloppen.

In een recent onderzoek in *Nature Neuroscience* liet een team onderzoekers 28 mannen en vrouwen kijken naar erotische foto's terwijl er MRI-scans werden gemaakt van hun hersenen. De proefpersonen keken naar opwindende foto's van heteroseksuele paren die seks bedreven, seksueel aantrekkelijke naaktfoto's van het andere geslacht en foto's van mannen en vrouwen in niet-seksuele situaties. Toen deze MRI-scans werden geanalyseerd, ontdekten de onderzoekers dat twee delen van de hersenen, de amygdala en de hypothalamus, bij mannen meer werden geactiveerd dan bij vrouwen als ze aan dezelfde seksuele prikkels werden blootgesteld.

Dus hebben mannen in gedachten seks? Natuurlijk, en schijten beren in het bos?

Eigenlijk hadden we helemaal geen team onderzoekers nodig om die vraag te beantwoorden.

Kan het sperma van een man ooit opraken?

Wat een nachtmerrie. Een kurkdroge bron. Kan dat echt?

Het antwoord is nee, maar er is wel slecht nieuws.

Een vrouw wordt geboren met alle eitjes die ze ooit zal hebben, maar de voorraad sperma van een man wordt zijn hele leven door vernieuwd. Dat klinkt geweldig, maar onderzoekers hebben ontdekt dat het sperma van mannen boven de 35 meer afwijkt qua motiliteit en dat het DNA ernstiger beschadigd is dan bij jongere mannen. Ook is geconstateerd dat de spermadichtheid in de loop der tijden is afgenomen. Volgens de maatstaven van de Wereldgezondheidsorganisatie bestaat een gemiddelde lozing uit twintig miljoen zaadcellen, met 50 procent motiliteit en 60 procent normale morfologie. Dat is anders dan 25 jaar geleden, toen de normale telling rond de honderd miljoen lag.

Zijn er bepaalde dingen die beïnvloeden hoe een vrouw ruikt?

Een 'vriendin' van mijn vrouw vertelde eens dat als je ananas at, je 'daar beneden' lekker ging ruiken. Dat had die vriendin van een escortdame gehoord. Meer bewijs heb je niet nodig.

Er is echter geen wetenschappelijk onderzoek gedaan naar dit gevoelige onderwerp. Mensen denken dat je bent wat je eet, dus dames, wat u naar binnen werkt kan de geur en smaak van uw vrouwelijke openingen beïnvloeden. Voedsel dat 'daar beneden' vaak voor problemen schijnt te zorgen is asperges, knoflook en curry.

Kan een vrouw ejaculeren?

Er wordt heel wat beweerd over vrouwelijke ejaculaties, maar het werd altijd afgedaan als urineren tijdens de gemeenschap. Recentelijk is aangetoond dat er een verhoogde mate van een bepaalde stof, prostaatzuur fosfatase, wordt aangetroffen bij vrouwen die beweren te kunnen ejaculeren. Deze stof is ook in hoge mate aangetroffen in mannelijk ejaculaat en vindt zijn oorsprong in de prostaat.

Onderzoekers hebben ervoor gekozen de kwestie van de prostaatachtige componenten bij het vrouwelijke ejaculaat anatomisch te benaderen. Ze vermoeden dat als vrouwen een vloeistof ejaculeren die geen urine is, die ergens anders vandaan moet komen dan uit de blaas. De meest aannemelijke bron zouden de klieren van Skene, kliertjes aan weerszijden van de opening van de plasbuis zijn.

Bij uitvoerig onderzoek van de klieren van Skene zijn stoffen aangetroffen die identiek zijn aan de stof die aanwezig is in de prostaat. Sommige deskundigen noemen deze klieren nu de vrouwelijke prostaat. Het blijkt dus dat sommige vrouwen echt kunnen ejaculeren, maar om dat zelf te laten gebeuren zou wel eens net zo moeilijk kunnen zijn als de g-plek lokaliseren.

Wat is een zuigzoen?

Een zuigzoen is een beurse plek die ontstaat als iemand bij een ander op een deel van het lichaam zuigt of er lichtjes in bijt, zodat de bloedvaten onder de huid breken. Ook is het een trofee voor vijftienjarigen over de hele wereld.

Kan ik mezelf behandelen?

Als ik op mijn horloge kijk kan ik haast niet geloven dat het pas twaalf uur is. Ik geef antwoord op de laatste seksvragen en scan dan vlug de kamer om er zeker van te zijn dat de weg naar de badkamer vrij is. Ik zie een opening en zet het op een lopen, in de hoop dat ik verdere vragen kan vermijden.

De deur staat op een kier en als ik hem aarzelend openduw, zie ik onze gastvrouw Eloise op de badrand zitten. Leyner heeft een masserende douchekop in zijn hand en richt een straal koud water op haar verbrande en beblaarde wangen. Eloise, immer de perfecte gastvrouw, blijkt Leyner en Assepoester te hebben opgezocht in hun laboratorium om te vragen of ze nog iets wilden drinken. Leyner had met alle geweld een dikke laag van zijn pittige balsem op haar willen smeren. Hij kon niet weten dat Eloise nog maar een paar uur voor het feestje een diepreinigende gezichtspeeling had gehad, zodat haar huid ultragevoelig was voor bijtende smeersels. Ik vind het geruststellend dat Leyner in alle chaos van het moment de juiste keuze heeft gemaakt en haar brandwonden precies goed verzorgt.

Voor artsen en advocaten zijn twee vuistregels heilig. Voor de eerste groep is dat om geen schade te berokkenen, en in de wereld van de jurisprudentie is het dat iedereen die zichzelf vertegenwoordigt in de rechtszaal een sukkel als klant heeft. Dus als je zo nodig je eigen geneesheer moet zijn, berokken jezelf dan geen schade en wees geen sukkel.

Mag je tetracycline innemen die is bedoeld voor het aquarium?

Er kwam eens een patiënt naar de eerste hulp omdat ze een ontsteking had op haar hoofd. Ze had het thuis proberen te behandelen door de tetracycline voor haar aquarium in te nemen. Uiteindelijk bleek ze geen antibiotica nodig te hebben voor haar uitslag. Was deze zelfmedicatie een gouden greep of een klunzige actie?

In zou het niet meteen een gouden greep noemen, want het andere geweldige idee dat ze had was om tandpasta op haar hoofd te smeren. Wat de tetracycline betreft, de tabletten voor het aquarium bevatten vaak dezelfde dosis als de tabletten die verkrijgbaar zijn bij de apotheek, maar ik durf er mijn hand niet voor in het vuur te steken dat ze zuiver zijn. Ik zou zeggen: houd het bij het spul dat je bij de apotheek kunt krijgen.

Kun je met cranberrysap urineweginfecties genezen?

Misschien wel. Voor wie er niets van weet laat een onderzoek in de JAMA, *The Journal of the American Medical Association*, zien dat er aanzienlijk minder urineweginfecties voorkomen bij oudere mensen die elke dag cranberrysap drinken. We weten niet precies waarom, maar het meest aannemelijke is dat een bepaalde chemische stof in het sap voorkómt dat bacteriën zich vasthechten aan de blaaswand. Ik weet dat sommige mensen niet van cranberrysap houden, maar omdat blaasontstekingen vaak na seks de kop opsteken is het waarschijnlijk wel de moeite waard om een glaasje bitter cranberrysap te drinken in plaats van een sigaret op te steken.

Geneest yoghurt een schimmelinfectie als je het 'erin' stopt?

Yoghurt kan een rol spelen bij het voorkomen van schimmelinfecties, maar alleen als je het in de juiste opening stopt: je mond.

Yoghurt heeft enkele zeer interessante gezonde eigenschappen. Sommige vrouwen merken dat als ze tijdens een antibioticakuur elke dag een bak yoghurt eten, ze geen schimmelinfectie krijgen die vaak op zo'n behandeling volgt. Maar yoghurt alleen zal geen vaginale schimmelinfectie genezen als die al in volle gang is.

Kun je met een kaarsvlam oorsmeer verwijderen?

Overmatige hoeveelheden oorsmeer kunnen voor hoorproblemen of pijn zorgen, maar dat is nog geen reden om je hoofd in de fik te steken. Bij de zogenaamde oorkaarstherapie wordt een kegelvormig kokertje in de gehoorgang gebracht en wordt met behulp van rook of een brandende lont oorsmeer verwijderd. Volgens de bedrijven die deze dingen maken hebben ze ook veel andere voordelen voor de gezondheid. De FDA en de Canadese regering zijn het daar niet mee eens, en beide hebben zich uitgesproken tegen deze misleidende berichten. In de meeste gevallen komt oorsmeer er vanzelf uit, en als dat niet gebeurt moet je naar de dokter. Mijd dit soort idiote spullen en doe dat kegelen maar op zaterdagavond.

Is het slim om boter op een brandwond te smeren?

Nee. Bewaar die boter maar voor het ontbijt.

Het is niet goed om boter op een brandwond te smeren. Het zet de warmte in de huid vast en zorgt dat de pijn langer aanhoudt. Gebruik liever koud water.

Ik moet zeggen dat andere eetwaren wél goed kunnen helpen tegen de pijn van een brandwond, rechtstreeks uit de Indiase medische literatuur: gekookte aardappelschillen en honing.

Waarom honing? Honing wordt soms gebruikt vanwege zijn antibacteriële eigenschappen. Gekookte aardappelschillen klinkt misschien een beetje raar, maar ze houden vocht vast.

Als je een hete pan hebt vastgepakt kun je je brandwond het beste afkoelen onder stromend water, en pas als het flink is afgekoeld een antibiotisch smeerseltje erop doen. Voor ernstige brandwonden moet je naar de eerste hulp.

Werkt melatonine bij jetlag?

Dit is een goede tip voor alle wereldreizigers. Melatonine kan een doeltreffende oplossing zijn voor al je jetlagproblemen.

Uit tien onderzoeken naar het gebruik van melatonine blijkt dat het helpt als je de avond na aankomst 2 tot 5 milligram melatonine inneemt voor het slapengaan, en dat het de moeite waard is dit twee tot vier dagen te doen. Om de gevreesde jetlag te vermijden moet je dat combineren met onthouding van drugs (vermijd uitdroging en alcohol), overdag sporten en activiteiten ondernemen, gezond eten, goed slapen en je aanpassen aan de plaatselijke tijd.

Moet je biefstuk op een blauw oog leggen?

IJs is lang niet zo dramatisch als een flinke lap vlees, maar heeft hetzelfde effect. Een biefstuk heeft niets extra's, het is alleen maar koud en oefent wat druk uit. Je hoofd wat omhoog houden en geen aspirine of ibuprofen gebruiken, die ervoor zorgen dat je bloed minder goed stolt, helpt ook.

Maar het is veruit het beste om te zorgen dat je überhaupt geen klappen krijgt.

Helpt tandpasta tegen puistjes?

Er zijn veel huismiddeltjes voor huidproblemen, en op de spoedeisende hulp heb ik patiënten zien binnenkomen met allerlei crèmes en smeerseltjes op hun gezicht. Huismiddeltjes die mensen vaak uitproberen tegen puistjes zijn zuiveringszout, azijn, koffieprut, mercurochroom (een rode vloeistof die niet meer te krijgen is), jodium, aambeiencrème, suiker, zout en tandpasta.

De algemene opvatting is dat tandpasta op puistjes fantastisch werkt. Ik ken geen wetenschappelijke onderzoeken naar het gebruik van tandpasta tegen acne, maar het zou die zorgwekkende onzuiverheden best eens kunnen uitdrogen.

Als je voor tandpasta kiest, moet je voor een paar dingen goed uitkijken. *Periorale dermatitis* (clownseczeem) is uitslag van kleine pukkeltjes en blaasjes op een rode schilferende huid rondom de mond (dure omschrijving voor 'acneachtig'). Het komt vrijwel uitsluitend voor bij vrouwen tussen de 20 en 35. De oorzaak is onbekend, maar sommige mensen zijn van mening dat tandpasta met fluoride een rol kan spelen.

Allergieën voor geurstoffen zijn ook gevaarlijk bij de tandpastamethode. Perubalsem is een ingrediënt dat berucht is omdat het allergische reacties kan veroorzaken en *cinnamic aldehyde* in tandpasta heeft ook een slechte naam. Ons advies: houd het bij Clearasil.

Is het gevaarlijk om puistjes uit te knijpen?

Een bizar verhaal dat hier niets mee te maken heeft, is dat ik op een avond aan het werk was op de spoedeisende hulp toen er een patiënt binnenkwam met een verband om haar kaak. Ik vroeg haar wat er was gebeurd, maar ze durfde niet echt antwoord te geven. Ze zei dat ze zich schaamde omdat ze eindeloos aan haar gezicht had zitten pulken, zodat het was gaan ontsteken. Ik probeerde haar gerust te stellen, zei dat het vaak voorkwam en vroeg of ik eens mocht kijken. Toen ze haar verband weghaalde, werd een gat zichtbaar van 10 bij 10 centimeter, tot op haar kaakbot. Ze kreeg wat antibiotica en een grondige psychiatrische evaluatie, maar niemand vroeg haar: 'Heeft je moeder nooit gezegd dat je niet aan je gezicht mag krabben?'

Maar goed, het uitknijpen van puistjes kan zeker tot complicaties leiden. Bij het uitknijpen kun je de puist veroorzakende bacteriën verder de huid indrukken, zodat deze verder opzwelt en rood wordt. Het is ook de meest voorkomende oorzaak van acnelittekens.

Er is één dodelijke complicatie bij puistjesknijperij, *caverneuze sinustrombose* geheten. Dat is een bloedprop in de voorhoofdsholte die van het wiggenbeen, het grote bot onder aan de schedel, naar het slaapbeen loopt. De echte gevarenzone voor het uitknijpen van puistjes is een gebied dat door sommige mensen de dodendriehoek wordt genoemd, een gedeelte dat van de neusbrug via de mondhoeken naar het kaakbeen loopt. De aders in dit gedeelte komen uit in de caverneuze sinus en een ernstige infectie in dit gebied kan caverneuze sinustrombose veroorzaken. Als je in dit deel van je gezicht puistjes uitdrukt, kan dat een ontsteking veroorzaken en dit gevaarlijke proces in gang zetten.

Als iemand tijdens een etentje stikt, kun je dan een tracheotomie uitvoeren met een oestermes?

Onze vriendin Kim kan bijna alles. Ze was al een soort Martha Stewart voordat iemand haar voor het eerst koekjes had zien bakken. Tel daar een stoere kant bij op die ervoor zorgt dat ze alles aandurft. Zij wilde het antwoord op deze vraag weten, en we wisten dat als iemand het kon, zij het was. Ze zou haar etentje ook niet door zoiets laten verpesten.

Een *cricothyrotomie* (een soort tracheotomie of luchtpijpsnede) is een van de meest ingrijpende procedures op de spoedeisende hulp. De ingreep is een noodmaatregel om een geblokkeerde luchtweg vrij te maken. Kun je je die M*A*S*H-aflevering herinneren waarin Father Mulcahy een pen in de keel van een vent stak om hem te helpen ademhalen?

Een oestermes werkt misschien ook, maar probeer het onder geen beding zelf! Bel liever het alarmnummer.

Houdt een kwallenbeet op met branden als je erop plast?

We hebben allemaal die aflevering van *Friends* gezien (kom op, jij kijkt er ook naar) waarin Monica wordt gebeten door een kwal. Joey herinnert zich dat als je op een kwallenbeet plast, de pijn ophoudt. Monica 'kan er niet bij', Joey krijgt 'plankenkoorts', zodat Chandler uiteindelijk de zaak mag opknappen. Geloof niet alles wat je op tv ziet.

De meeste kwallenbeten zorgen alleen maar voor pijn en gevoelloosheid. De Australische zeewesp is de giftigste en meest dodelijke van alle stekende zeedieren. Zo'n 20 procent van de mensen die door de zeewesp worden gestoken, gaat eraan dood. Het Portugees oorlogsschip is ook gevaarlijk, maar niets vergeleken bij de zeewesp.

Bij de meeste kwallenbeten kun je de volgende procedure volgen. Verwijder zichtbare tentakels, indien mogelijk met handschoenen. Het gebied rondom de beet moet worden schoongemaakt met huishoudazijn. Het azijnzuur kan het gif dat vrijkomt uit de resterende *nematocysten* (netelcellen) op de huid neutraliseren en moet royaal worden opgebracht.

84

Als er geen azijn voorhanden is, kunnen de nematocysten met zout water worden weggewassen.

Uit laboratoriumonderzoek is gebleken dat urine, ammoniak en alcohol ervoor kunnen zorgen dat de netelcellen gaan steken, wat betekent dat als je dat erop doet een kleine beet erger kan worden. Conclusie: plassen op een kwallenbeet is vies én pijnlijk.

Waarom is het slecht om wattenstaafjes in je oor te stoppen?

Ach, altijd lonkt weer die verboden vrucht! Dingen die je niet mag doen zijn altijd zo verleidelijk.

De oren hoeven in de meeste gevallen niet routinematig te worden schoongemaakt. Oren zijn een soort zelfreinigende oven. Met behulp van de zwaartekracht en lichaamswarmte zal oorsmeer vanzelf naar buiten komen. Als je het in je oor ziet zitten, mag je een wattenstaafje gebruiken. Als je toch dieper naar binnen gaat, loop je kans op propvorming of beschadiging. Als er een prop in je oor komt te zitten doet dat zeer en word je half doof. Er zijn vrij verkrijgbare middelen die je van een prop oorsmeer af kunnen helpen, maar warm water in een pipet werkt vaak ook. Als laatste redmiddel kun je naar de huisarts om je oren uit te laten spuiten.

Het komt vaak voor dat we patiënten krijgen die deze regel hebben overtreden en naar ons toekomen om het wattenpropje uit het oor te laten halen dat van het staafje is losgeraakt. Vrees niet, we zijn erop voorbereid. We kunnen ook andere dingen verwijderen, zoals kakkerlakken, kralen en pennendoppen, die we allemaal uit oren hebben gehaald.

GOLDBERG: We hebben een lijstje nodig met dingen zoals de wattenstaafjes in die orenvraag.

LEYNER: Oké.

GOLDBERG: Dingen die niet mogen maar die je niet kunt weerstaan.

18.05

LEYNER: Aan korstjes peuteren.

GOLDBERG: Heerlijk als ze het eten serveren en zeggen: 'Dit bord is heet.'

GOLDBERG: Dan moet je het toch even aanraken.

LEYNER: Die is goed!

LEYNER: Meer...

GOLDBERG: Carrie zou zeggen: 'Meer geinigs, jongens.'

GOLDBERG: De redacteur belachelijk maken is ook zoiets wat niet hoort maar wat je niet kunt laten.

LEYNER: Meer geinigs zoals: 'Hoe krijg je de neus van mijn oude Adidas-schoen maat 45 van school uit het rectum van een redacteur?' Meer geinigs...

GOLDBERG: Kan ik dat laten staan?

18.10

LEYNER: Dat moet jij weten.

LEYNER: Misschien een beetje grof.

LEYNER: Maar het komt recht uit het hart.

GOLDBERG: Een beetje wel ja.

GOLDBERG: Gevaarlijke spier, dat hart van jou.

LEYNER: Ik probeer andere dingen te verzinnen die niet mogen.

GOLDBERG: Tegen de boezem van een vrouw praten.

GOLDBERG: Je jonkies opeten.

LEYNER: Aan waterpokken peuteren.

GOLDBERG: Jij wilt gewoon peuteren.

LEYNER: Puistjes uitknijpen.

GOLDBERG: Met volle mond praten.

LEYNER: Ik ken een paar meisjes die altijd puistjes wilden uitknijpen bij elkaar en bij hun vriendje.

18.30

GOLDBERG: Ik wou dat mijn vrouw me net zo verzorgde als een aap.

LEYNER: Het heeft allemaal met eten te maken... Apen combineren verzorgen met eten... dat is het bijzondere ervan... insecten uit onze vacht peuteren en ze oppeuzelen.

LEYNER: Figuurlijk gezien dan.

GOLDBERG: Jij bent op je best als je in metaforen spreekt.

LEYNER: Alweer dankjewel.

GOLDBERG: Ik moet zo naar de Knicks-wedstrijd.

LEYNER: Kunnen we hier morgen mee verder, als je terug bent uit het ziekenhuis?

GOLDBERG: Laten we proberen het allemaal af te krijgen.

LEYNER: Ja ja, je moet weg... we hebben het er morgen wel over.

GOLDBERG: Goed, ik spreek je morgen.

LEYNER: Ik houd de e-mail in de gaten... en morgen brengen we de laatste dolkstoot toe aan die vampirella.

Is het gevaarlijk om zelf je darmen te spoelen?

Een darmspoeling zou helpen bij indigestie en schimmelinfecties, de bloeddruk laag houden, de pH-waarde in balans brengen, vieze geurtjes verhelpen, de juiste bloedstolling bevorderen, de productie van witte bloedlichaampjes stimuleren, het ontstaan van galstenen voorkomen, parasieten uit de dikke darm verdrijven en concentratieproblemen, long- en neusverstopping, huidproblemen en schimmelnagels verhelpen.

Lang niet slecht, maar niet echt bewezen, en ja, misschien zelfs gevaarlijk.

Een darmspoeling is een procedure waarbij zeer grote hoeveelheden vloeistof door een slang via het rectum in de dikke darm worden gepompt. Doel is het lichaam te ontgiften door de vastgekoekte rommel uit de dikke darm te spoelen. Daar kan 75 liter vloeistof of meer aan te pas komen. De vloeistof die voor darmspoelingen wordt gebruikt kan koffie, kruiden, enzymen of kweekgras bevatten.

In Amerika zijn de apparaten die worden gebruikt voor darmspoelingen verboden, tenzij ze voor conventionele medische behandelingen worden aangewend. Darmspoelingen kunnen ook gevaarlijk zijn. Complicaties die kunnen optreden zijn darmperforatie, hartverlamming door overmatige vloeistofabsorptie, verstoring van de elektrolytenbalans en allerlei ernstige ontstekingen. Van één geval met besmette apparatuur is bekend dat 36 mensen last kregen van *amoebiasis*, een parasitaire ontsteking.

11.50

LEYNER: Dit boek gaat ons allebei de kop kosten. De redacteur krijgt vast een enorme promotie en wij belanden op straat met een gleufhoed, cape en panfluit.

GOLDBERG: Panfluitmuziek lijkt me wel toepasselijk voor een reclamespotje over darmspoelingen.

11.55

LEYNER: Waarom zijn mensen zo geïnteresseerd in de dikke darm?

GOLDBERG: Lijkt mij nogal gestoord.

GOLDBERG: En wie zegt eigenlijk dat je dikke darm schoon moet zijn?

GOLDBERG: Goh, dat klonk net als Yoda.

LEYNER: Ik ook... dat komt allemaal door die prachtige joods-christelijke erfenis van zelfverachting... je weet wel... dat we in feite verdorven zijn vanbinnen.

GOLDBERG: Verrotting.

GOLDBERG: Ik heb het gevoel dat ik vandaag aan het rotten ben vanbinnen.

LEYNER: Inderdaad... Als je geen smerige darmen mag hebben... kom op man.

GOLDBERG: Goede titel voor een popsong.

LEYNER: Misschien wat voor Prince.

GOLDBERG: Stel je voor dat Britney Spears de Mark Leyner-versie zingt van 'If you can't have a dirty colon... c'mon.'

GOLDBERG: Leuke clip ook.

LEYNER: Ik vind het mooi om te zien wat oudere pop-sterren allemaal doen.

GOLDBERG: Een portret van het darmlandschap van be-roemdheden.

12.00

LEYNER: Rod Stewart is een soort nieuwe Jim Nabors.

GOLDBERG: Wat heeft hij nou weer gedaan?

GOLDBERG: Ik heb in de *New York Post* gelezen dat Elton John zichzelf injecteert met lamsurine om af te vallen.

LEYNER: Rod zingt duetten met Dolly Parton, liefdes-

liederen van Gershwin en kinderliedjes... en gaat
dan een plaat opnemen met Sesamstraat – dat zou
me niets verbazen.

GOLDBERG: Er stond ook in dat 'Michael Jackson zijn
gewicht laag hield met veel zelf toegediende klys-
ma's, maar later had hij een tampon nodig om "gênant lekken" te voorkomen'.

LEYNER: Hoe krijg je een lam zover dat hij in een pot
pist?

GOLDBERG: Dat wordt mijn volgende klus na het boek
– katheters aanleggen bij lammetjes.

LEYNER: Jackson zou zichzelf lekker moeten laten
dichtslibben, net als Elvis.

LEYNER: Is het waar, dat van Elton John en die lamsurine?

GOLDBERG: Pagina zes van de *New York Post,* beste
vriend. Alles wat in de krant staat is toch waar?

LEYNER: Ja...

GOLDBERG: Misschien kunnen we die lamsurine in het
boek opnemen als volkslegende.

LEYNER: Hoort iets niet langer dan een dag in het
onderbewuste van de mensen te zitten voor je het
een volkslegende kunt noemen?

Helpt moedermelk je van wratten af?

In de *New England Journal of Medicine* van juni 2004
stond het volgende. Een crème die een ingrediënt van menselijke moedermelk bevat, schijnt een doeltreffende remedie
te zijn tegen hardnekkige wratten. Het belangrijkste ingrediënt van de crème is een bestanddeel dat *a-lactalbumine-
oleïnezuur* heet. De Zweedse bedenkers hebben de crème de
bijnaam HAMLET gegeven: *Human Alpha-Lactalbumin*

Made Lethal to Tumor Cells [humaan alfa-lactalbumine letaal voor tumorcellen].

Dat kan leiden tot andere onderzoeksgebieden omdat bepaalde soorten wratten of het humane papillomavirus (HPV) in verband worden gebracht met baarmoederhalskanker.

Het is nog niet bekend of Starbucks cafeïnevrije koffie verkeerd met moedermelk op de markt gaat brengen.

Als je wordt gebeten door een slang, moet je het gif dan uitzuigen?

Ik ben dol op een goede western, en er is natuurlijk niets ruigers dan een slangenbeet leegzuigen en het gif uitspugen. Uiteraard gevolgd door whisky en een flinke schietpartij.

Helaas wordt het niet meer zo aangepakt. Een slangenbeet leegzuigen is niet alleen nutteloos, maar kan ook zorgen voor infectie rondom de wond.

Volgens het Amerikaanse Rode Kruis moet je na een slangenbeet de volgende stappen ondernemen:

1 Was de beet uit met water en zeep.
2 Zorg dat het gebeten deel niet kan bewegen en zich lager bevindt dan het hart.
3 Roep medische hulp in.

Toxicologen raden misschien ook aan om boven de beet losjes een tourniquet aan te brengen om te voorkomen dat het gif zich verspreidt. Dat moet voorzichtig gebeuren, omdat de tourniquet zelf problemen kan veroorzaken als het de bloedtoevoer helemaal afknelt.

Daarna moet het slachtoffer snel naar de spoedeisende hulp worden gebracht. Daar is antigif aanwezig voor verschillende soorten slangenbeten. Andere behandelvormen zijn antibiotica en een operatie.

Van de naar schatting honderdtwintig slangen die in de

Verenigde Staten zijn aangetroffen zijn er zo'n twintig giftig. De meeste beten komen voor in het zuidwesten van het land, maar het gebeurt zelfs in New York City. In de staat New York komen drie soorten gifslangen voor: de houtratelslang, de massasauga en de koperkop. In de stad gebeuren de meeste ongelukken echter met slangen die als huisdier worden gehouden.

Wat is de hik, en hoe kom je ervan af?

Artsen staan erom bekend dat ze ingewikkelde woorden gebruiken zodat ze óf extreem intelligent lijken óf de indruk wekken dat ze geen idee hebben wat de meeste mensen kunnen snappen. De medische term voor de hik, *singultus*, is een perfect voorbeeld van een arts die zich belachelijk maakt.

De hik ontstaat als het middenrif geïrriteerd raakt en snel lucht omhoogdrukt, waardoor een vreemd geluid te horen is.

Dingen die het middenrif irriteren en de hik veroorzaken zijn het uitzetten van de maag door voedsel, alcohol of lucht, plotselinge veranderingen van de maagtemperatuur of overmatig gebruik van alcohol en/of tabak. De hik kan ook worden veroorzaakt door opwinding of stress.

Hoewel de hik meestal maar een paar minuten duurt, kan het in sommige gevallen dagen of weken duren. Dat is echter zeer ongebruikelijk en duidt meestal op een ander medisch probleem, zoals een injectie bij het middenrif, een maagbreuk, ernstige *gastro-esofagale reflux* (GERD) of een tumor die de zenuwen in de borst irriteert. Als de hik langer duurt dan een maand wordt die onbehandelbaar of ongeneeslijk verklaard. De langst bekende hikaanval duurde zestig jaar. Soms gebruiken artsen het antipsychotische medicijn Thorazine om ongeneeslijke hik te behandelen.

Als je liever geen antipsychotica neemt kun je een van deze eenvoudiger maar onbewezen remedies proberen:

1 Ademen in een papieren zak.
2 Uit een beker drinken van de kant tegenover je mond.
3 Je adem inhouden.
4 Een theelepel suiker eten.
5 Op een partje citroen of limoen zuigen.
6 Een glas water drinken door een rietje terwijl je je oren dichthoudt.
7 Een of twee minuten aan het haar boven op je hoofd trekken.
8 Een watje op je verhemelte leggen en zachtjes heen en weer bewegen.
9 Hard aan je tong trekken.

Verdwijnt de stank van een stinkdier als je een tomatensapbad neemt?

Degenen die in de jaren zeventig tv keken, hebben misschien aflevering acht gezien van de eerste reeks van *The Partridge Family*, waarin een stinkdier in de familiebus belandt en de Partridges veranderen in een stinkende familie. Reuben herinnert zich dat tomatensap de stank kan verdrijven, dus neemt de familie er een bad in. Het gaat allemaal goed totdat de familiehond ervoor zorgt dat ze weer onder komen te zitten. Omdat ze geen tijd hebben om weer een tomatensapbad te nemen, geeft de band een concert in een kinderziekenhuis vanuit een met glas geïsoleerde operatiekamer. Fantastische televisie.

De belangrijkste moleculen die ervoor zorgen dat stinkdiersproeisel stinkt zijn zwavelverbindingen. Algemeen wordt aangenomen dat tomatensap de stank opheft, maar er is geen wetenschappelijk bewijs om deze bewering te staven. Het tomatensap zorgt er waarschijnlijk voor dat de neus de stinkdierstank niet meer herkent door de overheersende geur van de rode prut. Wat nogal eens wordt aangeraden voor huisdieren is een kwart waterstofperoxide

3 procent, een ons zuiveringszout en een theelepel mild afwasmiddel. Mensen kunnen hetzelfde proberen, maar pas op: de peroxide kan een blekend effect hebben.

Helpt peterselie je van een vieze adem af?

In het verleden werd peterselie gebruikt als wondermiddel, lotion, tegengif en ter verlichting van nier- en galstenen. Peterselie is rijk aan vitaminen en mineralen, en dan vooral vitamine A en C. Er wordt gezegd dat het ook rijk is aan antioxidanten. Peterselie kan ook helpen bij een vieze adem, al zijn er geen medische studies die een verband leggen met halitose. Het is goed om te weten dat er twee soorten peterselie zijn: krulpeterselie en bladpeterselie, die een sterkere smaak heeft. Je komt dan ook sneller van je knoflookwalm af met bladpeterselie.

Ga je echt beter slapen van warme melk?

Er is niet veel onderzoek te vinden over de rol van melk als slaapmiddel. Melk is een eenvoudiger alternatief voor slaapmiddelen van de huisarts of jezelf buiten westen drinken, en er zijn verschillende theorieën over waarom het zou werken. Melk bevat tryptofaan, hetzelfde ingrediënt waardoor iedereen na het kerstdiner slaperig wordt (zie de vraag over voedselcoma op p. 31). De warmte van de melk kan een miniem effect hebben op je lichaamstemperatuur en het soms ietsje gemakkelijker maken om in slaap te vallen. Melk bevat ook melatonine, een natuurlijk slaapmiddel. Een bedrijf in Engeland, Night Time Milk, verkoopt zelfs melk van koeien die 's nachts zijn gemolken, als er meer melatonine in zit. De melk wordt gepromoot als slaapmiddel, wat maar weer bewijst dat mensen tegenwoordig alles kopen.

Drugs en alcohol

Eloise, van wie de wonden zijn gereinigd en verbonden, is weer helemaal terug. Ze vult glazen bij en maakt met iedereen een praatje. Leyner lijkt aangeslagen door zijn laboratoriumincident en gaat stilletjes in kleermakerszit in een hoek zitten, waar hij nors de laatste restjes van zijn fles tequila koestert. Ik ben nooit zo'n voorstander geweest van recreatief drugsgebruik, maar ben bijna geneigd een flink slaapmiddel in de punch te stoppen en stiekem naar huis te gaan. Ik weet deze snode aandrang te weerstaan en voel me beter tot ik weer word geconfronteerd met de onvermoeibare, ooit dikke Jeremy Burns.

Met uitzondering van zijn Atkins-obsessie is Jeremy zijn hang naar studentenfratsen nooit ontgroeid. Eloise biedt hem een van haar beroemde bevroren daiquiri's aan, maar Jeremy wil alleen maar een portie wodkapudding, een *beer bong* of xtc. Eloise haalt haar neus op voor zo'n lomp verzoek, en hij wendt zich tot mij met een smeekbede om een recept voor medicinale marihuana. Ik leg hem uit dat voorgeschreven wiet in New York niet te krijgen is, en dat ik het hem toch niet zou geven.

Jeremy geeft het nog niet op en vraagt: 'Kun je me dan van dat spul bezorgen dat Rush Limbaugh gebruikt?'

'OxyContin,' antwoord ik.

'Ja, ja,' zegt hij. 'O, en ook wat van dat spul dat Matthew Perry en Brett Favre gebruiken.'

'Vicodin,' antwoord ik weer.

Jeremy zegt dat hij daar al genoeg van heeft en vraagt of ik hem misschien aan wat ketamine kan helpen.

Ik begin nogal geïrriteerd te raken en realiseer me dat dit mijn kans is. 'Jeremy, je weet dat ketamine een narcose-middel is voor paarden... en die man daar is dierenarts,' zeg ik terwijl ik wijs naar een stevige, kalende heer in de kamer ernaast.

Jeremy maakt zich uit de voeten en ik slaak een zucht van verlichting.

In een cultuur die is gewijd aan het al dan niet gezonde gebruik van cafeïne, nicotine, alcohol en een eindeloze reeks verboden troep zijn er talloze vragen over wat de snelste en veiligste manier is om beneveld te raken en hoe je de ge-vreesde kater moet vermijden.

Bier op wijn geeft venijn; wijn op bier geeft plezier?

Zo eenduidig is het niet. Maar misschien komt dat door de borrel die we net ophebben.

Het grootste probleem met dit gezegde is dat niemand precies weet hoe het ook alweer gaat. En er is geen wetenschappelijk onderzoek dat bewijst of het wel of niet waar is.

Eén theorie over deze volkswijsheid is, dat het koolzuur in bier ervoor zorgt dat je meer alcohol kunt opnemen. Hier is geen bewijs voor. Je moet ook niet geloven dat koffie je van een kater af helpt of dat brood de alcohol in je systeem absorbeert. Alleen tijd kan je van je pijn afhelpen: gewoon wachten tot de alcohol uit je bloed is verdwenen.

Dronkenschap wordt gedefinieerd door een alcoholpromillage van 100 milligram per deciliter bloed (1 promille). Bij volwassenen daalt het niveau met zo'n 15 tot 20 milligram per deciliter per uur. Iedereen heeft een andere stofwisseling, maar gemiddeld duurt het zo'n zes tot acht uur voor je van aangeschoten weer normaal bent.

ALCOHOL-PROMILLAGE	SYMPTOOM
0,2 ‰	aangeschoten
0,5 ‰	lichte euforie
0,8 ‰	verlies van oordeelsvermogen
1 ‰	gebrek aan coördinatie en evenwicht
1,5 ‰	disoriëntatie
2 ‰	braken
3 ‰	stomdronken
4 ‰	coma
4,5 ‰	dood

Kortom: alcohol vergiftigt, dus hoe meer je drinkt, hoe beroerder je je voelt. Het heeft niets te maken met de volgorde waarin je bier of wijn naar binnen giet.

Wat de gevreesde kater betreft: die wordt vooral veroorzaakt door uitdroging en een verstoorde slaap. De slaap en het water waar je uiteindelijk van herstelt zijn lang niet zo interessant als sommige andere beroemde katerremedies:

1 De Prairie Oyster (olijfolie, eetlepel tomatenketchup, één eigeel, zout en peper, tabasco, worcestersaus, azijn of citroensap).
2 Koude pizza.
3 Infuusvloeistof (handig als je iets hebt met een arts of 'co-schapper').
4 *The Hair of the Dog That Bit You* (lees: de gezegende Bloody Mary).
5 Vitamine B en C.
6 En het effectiefste en duurste: een nierdialyse.

Is een drugstest positief na het nuttigen van maanzaad?

Als het Poerim is, de joodse feestdag, en je bent van plan deel te nemen aan de Olympische Spelen, moet je weten waar je aan begint voor je je te goed doet aan *hamantaschen* met maanzaadvulling. Als je maar genoeg maanzaad eet, kan een urinetest voor opiaten positief uitvallen. Het is lastig te zeggen hoeveel maanzaad je kunt eten voor een negatieve uitslag, maar volgens sommige berichten kunnen drie bagels met maanzaad bijvoorbeeld al voor een positieve uitslag zorgen. Gebak en koekjes waar grote hoeveelheden maanzaad in zitten, zoals hamantaschen, kunnen ook tot een positieve uitslag leiden. Er is een extra onderzoek dat test op bepaalde chemische stoffen die wel voorkomen in heroïne, maar niet in maanzaad. Dus je sportcarrière zal afhangen van wat voor test je precies doet.

Wat is nu het verband tussen maanzaad en heroïne? Maanzaad is papaverzaad, en gekweekte papavers vormen de grondstof voor opium, waar morfine en heroïne van wordt gemaakt.

Waarom krijg je trek als je stoned bent?

Antwoord: om Domino's en McDonald's te laten voortbestaan.

Marihuana (wiet) is de meest gebruikte verboden drug in de Verenigde Staten. Het belangrijkste actieve chemische bestanddeel van marihuana is THC (delta-9-tetrahydrocannabinol) ofwel de oorzaak van dat je high wordt. *The High Causer* valt onder de categorie chemicaliën die 'cannabinoïden' worden genoemd.

Een onderzoek in het aprilnummer van *Nature* uit 2001 helpt ons beter begrijpen waarom wietgebruikers trek krijgen. Een bepaald soort moleculen, 'endocannabinoïden', een marihuana-achtige chemische stof die van nature aanwezig is in onze hersenen, verbindt zich met receptoren in de hersenen en activeert een hongergevoel. Deze endocannabinoïden in de hypothalamus van de hersenen activeren dan cannabinoïdereceptoren die ervoor zorgen dat je wilt gaan eten. De chemicaliën in marihuana verbinden zich met deze cannabinoïde receptoren en zorgen voor een hongergevoel. Klinkt ingewikkeld? Misschien ben je te stoned om het te begrijpen. Ga maar wat koekjesdeeg eten.

Kan een haarmonster worden gebruikt bij een drugstest?

Gooi die haargroeimiddelen maar weg. Kaal zijn biedt misschien nog meer voordelen dan geld besparen op al die haarproducten. Je hebt immers geen haren aan te bieden voor een drugstest.

Als drugs worden opgenomen door het lichaam, circuleren ze in je bloed. Sporen van deze drugs of drugsmetabolieten worden afgezet in het haarzakje. Als de haar groeit, blijven ze opgeslagen in de kern van de haarschacht.

Als iemand wordt getest, worden er op verschillende plekken van de haarschacht monsters genomen zodat er een redelijk accurate schatting kan worden gemaakt van hoe lang geleden een bepaalde drug is gebruikt. Drugs of drugsmetabolieten kunnen niet uit het haarzakje worden gewassen, gebleekt of gespoeld.

Het belangrijkste praktische voordeel van een haartest in vergelijking met een urinetest voor drugs is dat het drugsgebruik kan laten zien dat in de afgelopen weken of maanden heeft plaatsgevonden, afhankelijk van de lengte van de haarschacht, terwijl dat bij andere tests maar twee tot vier dagen is. Haaranalyse is de minst ingrijpende test-methode, maar brengt misschien geen recent gebruik aan het licht. Bloedanalyse is de meest accurate methode, maar die is zeker ingrijpend te noemen. Urineanalyse is de goedkoopste manier en kan onregelmatig of recent een-malig gebruik aantonen. Urineanalyse wordt het meest gebruikt voor drugsonderzoek.

Dus als je continu zit te blowen is het misschien handig om je hoofd kaal te scheren.

Gaat je verkoudheid over van een glas whisky?

In de loop der jaren is er veel gediscussieerd over en onder-zoek gedaan naar de gunstige effecten van alcohol op de gezondheid. In de jaren 1920 maakte de 'Guinness Is Good for You'-campagne in Groot-Brittannië de mensen wijs dat dit beroemde Ierse bier gezond was. De slogan was het re-sultaat van intensief wetenschappelijk marktonderzoek: mensen vertelden het bedrijf dat ze zich lekker voelden na een glas, en de slogan was geboren.

Echinacea, vitamine c, zink en kippensoep, maar ook een stevige borrel zijn allemaal genoemd als remedie voor of ter voorkoming van de gewone verkoudheid. Helaas is er voor geen van deze middelen overtuigend bewijs. Er bestaan allerlei andere huismiddeltjes, waarvan er meerdere cognac of whisky bevatten. Een vriendin heeft haar eigen speciale recept tegen verkoudheid, een ouderwetse wodkajus. Maar waarschijnlijk helpt de drank je alleen maar vergeten hoe beroerd je je voelt.

Kun je iemand die een overdosis drugs heeft genomen helpen door hem onder de douche te zetten of koffie te geven?

Alcohol is de meest voorkomende drug die ervoor zorgt dat mensen hun vrienden onder de douche zetten of koffie door de strot duwen. Tijd is het enige waar een dronkenlap van zal opknappen. Koffie, douchen, sporten, het uitzweten, frisse lucht of wat voor andere methode dan ook zal de snelheid waarmee alcohol het lichaam verlaat niet opvoeren. De lever heeft gewoon tijd nodig om de alcohol af te breken.

Bij andere soorten heftigere drugs zal koffie niet helpen, maar iemand wakker houden tot er hulp komt kan zijn leven redden. Heroïne en andere opiaten zorgen ervoor dat je stopt met ademhalen, en dat leidt tot een hartstilstand. Bedenk wel dat koffie alleen maar een tijdelijke maatregel is. Bij wat voor overdosis drugs dan ook moet medische hulp moet worden gezocht. Als iemand ophoudt met ademhalen moet je beginnen met reanimeren. De douche is waarschijnlijk niet nodig en pure verspilling van kostbare tijd.

Waarom moet je overgeven als je te veel hebt gedronken?

Braken na te veel drinken is gewoon een manier van je lichaam om snel van de gifstoffen in alcohol af te komen. In dat geval is braken niet slecht, maar herhaaldelijk overgeven kan leiden tot mogelijk levensbedreigende uitdroging en verstoring van de elektrolytenbalans. Ook bestaat het gevaar te stikken in braaksel, zoals die vent van Led Zeppelin.

De aandrang tot braken komt van twee anatomisch en functioneel afzonderlijke plekken: het braakcentrum en de *chemoreceptor-triggerzone*. Het braakcentrum, dat de algehele leiding heeft over het braken, ligt in een deel van de hersenen dat de *medulla* wordt genoemd. De chemoreceptor-triggerzone, die signalen naar het braakcentrum stuurt, is te vinden in het vierde hersenventrikel. De ventrikels zijn een systeem van vier communicerende holtes in de hersenen die zijn gevuld met hersenvocht. Alcohol werkt waarschijnlijk op de chemoreceptor-triggerzone.

In het ziekenhuis wordt braken *emesis* genoemd, maar veel artsen gebruiken liever deze wat kleurrijker termen:

– kotsen
– plakkaatje leggen
– onteten
– kokken
– keveren
– de porseleinen god aanbidden
– over je huig gaan
– brokken

Gaat je geheugen achteruit van xtc?

Dit is een vraag die vaak wordt gesteld, omdat xtc steeds populairder wordt, maar ook omdat mensen telkens vergeten dat ze het al hebben gevraagd. Dus ja, van xtc gaat je geheugen achteruit.

Xtc, of MDMA (3-4 methylenedioxymethamfetamine) is een synthetische psychoactieve drug die in chemisch opzicht lijkt op het stimuleringsmiddel metamfetamine en het hallucinogene mescaline. Sommige mensen noemen het een 'designeramfetamine'.

Een van de belangrijkste gevolgen van het gebruik van xtc is dat het op korte én op lange termijn ernstige invloed kan hebben op hersencellen. Meer specifiek beschadigt xtc neuronen die serotonine afgeven, een chemische stof in de hersenen die een belangrijke rol speelt bij het reguleren van het geheugen en andere belangrijke functies. In casusverslagen en interviews met xtc-gebruikers wordt gesproken van geheugenverlies, depressie, veranderingen in het slaappatroon en angst. Geheugenproblemen treden zelfs na het stoppen met xtc nog op.

Sterven hersencellen af van drinken?

Tijdens het onderzoek voor dit boek hadden wij, de auteurs, een werketentje, en tijdens ons harde werken namen we grote hoeveelheden bier, wijn en tequila in. Toen we over straat zwalkten hield Mark vol dat hij best met de metro naar huis kon. Gelukkig wist ik beter en kon ik hem in een taxi proppen. De taxi reed weg en ik begon naar huis te lopen. Een blok later kwam ik de taxi tegen en zag ik Mark achterin zitten wroeten in zijn lege portemonnee. Ik deed de deur open. Mark, die zich niets van onze avond kon herinneren, vroeg: 'Wat doe jij hier?' Van alcohol sterven hersencellen absoluut af.

Om deze vraag juist te beantwoorden moeten we onderscheid maken tussen licht tot gemiddeld drinken en zwaar drinken. We moeten ook onderscheid maken tussen tijdelijke en permanente schade.

In het algemeen sterven hersencellen niet af van alcohol, maar alcohol brengt wel schade toe aan de dendrieten, de kleine uitlopers die uit de cellen komen en informatie ontvangen. Het actiemechanisme voor dronkenschap heeft meerdere factoren, maar het eindresultaat is lallende spraak, verminderde coördinatie, trage reflexen en een gebrek aan gêne, wat we associëren met dronkenschap. Deze schade is niet van blijvende aard bij licht tot gemiddeld alcoholgebruik. Dat houdt in dat je zonder problemen één tot zeven drankjes per week kunt drinken.

Zwaar alcoholgebruik veroorzaakt duidelijk neurologische schade. CT-scans van chronische alcoholisten kunnen hersenatrofie aantonen, en onderzoek heeft uitgewezen dat zwaar gebruik het retrospectieve geheugen schaadt. Alcoholisme kan het Wernicke-Korsakov-syndroom veroorzaken, dat ontstaat door een gebrek aan de vitamine B1 thiamine; alcohol verkleint de absorptie van deze vitamine en alcoholisten eten vaak niet al te gezond. Patiënten met deze aandoening hebben symptomen als verwarring, delirium, desoriëntatie, onoplettendheid, geheugenverlies en sufheid. Als er niet meteen thiamine wordt gegeven, kan het syndroom verergeren tot bewusteloosheid, coma en de dood.

Waarom draait je bed zo na een avondje doorzakken?

Niets is erger dan het moment waarop je op bed valt en de kamer begint te tollen. Proberen uit te leggen hoe dat komt is al bijna net zo duizelingwekkend.

Het vestibulaire systeem is een ingewikkeld netwerk van gangen en kamers in het binnenoor, die allemaal met elkaar samenwerken om het evenwicht te bewaren. Daarbinnen zitten buisjes en holtes met verschillende vloeistoffen, elk met een andere samenstelling. Als je gezond bent en je vestibulaire systeem aan beide kanten goed functioneert, sturen beide zijden gelijke prikkels naar de hersenen. Als iemand flink dronken wordt, verandert de alcohol de bloedconcentratie, wat het fijngevoelige evenwichtssysteem verstoort. Dan begint alles te draaien. Het lijkt erg veel op duizeligheid.

Waarom snurk je zo hard als je dronken bent?

Er is een veel gehoorde serenade op de spoedeisende hulp. Het zware gesnurk van de doorgewinterde alcoholist doorklieft de lucht. Meestal negeren we het gewoon. Maar soms belemmert te veel alcohol de ademhaling. Dat lossen we gemakkelijk op door een kort rubberen slangetje in de neus te brengen dat heel toepasselijk een neustrompet heet. Alcohol versterkt het snurken door de spieren te ontspannen die de keel openhouden, zodat het zachte verhemelte en de huig meer flapperen als er lucht langskomt.

Is rode wijn echt goed voor de gezondheid?

Eindelijk eens goed nieuws.

Van oudsher gelooft men dat wijn medicinale eigenschappen heeft. Hippocrates en Thomas Jefferson zagen wijn als een belangrijk onderdeel van hun gezondheidsregime. Louis Pasteur, de beroemde Franse bioloog, zei: 'Wijn is de gezondste en meest hygiënische drank die er is.'

Nu bestaat er een enorme hoeveelheid onderzoek over wat de 'Franse paradox' is genoemd, namelijk dat er onder Galliërs minder hart- en vaatziekten voorkomen dan je zou verwachten bij hun eetpatroon, dat rijk is aan vetten.

Wetenschappelijk onderzoek heeft dit merkwaardige feit in verband gebracht met de bescheiden consumptie van alcohol, en dan vooral van rode wijn. Rode wijn wordt ook in verband gebracht met een verlaagd risico op bepaalde vormen van kanker, atherosclerose, hartziekten en zelfs de gewone verkoudheid.

Dus drink vanavond een hele fles. Je bed zal draaien, maar je zult waarschijnlijk geen hartaanval krijgen.

Helpt marihuana bij groene staar?

Marihuana wordt soms voor medische doeleinden gebruikt, en een aantal daarvan geeft aanleiding tot gegronde argumenten voor legalisering ervan. Het gebruik van marihuana bij groene staar heeft echter geen duidelijke voorkeur boven de beschikbare medicijnen.

Van marihuana neemt de oogdruk weliswaar af, maar om die afname vast te houden zul je zo'n tien tot twaalf joints per dag moeten roken. Je oogdruk wordt dan misschien minder, maar je zult te stoned zijn om iets anders te doen dan naakt gitaarspelen, je vergrijpen aan spareribs of een diepere betekenis zoeken achter Rob Schneider-films.

Moet je cognac drinken bij bevriezing?

De komst van een sint-bernardhond met een tonnetje om zijn hals is een hartverwarmend beeld, maar tot onze spijt moeten we melden dat alcohol drinken om op te warmen of om bevriezing te voorkomen geen medische grond heeft. Alcoholconsumptie is zelfs gevaarlijk onder deze omstandigheden, omdat het de bloedvaten verwijdt waardoor het warmteverlies wordt vergroot en het rillen vermindert.

Kun je high worden als je een pad likt?

Arme, zielige padden. Ze leggen het altijd af tegen kikkers. Kikkers worden gekust en veranderen in prinsen; padden zorgen alleen maar voor wratten. Welnu, goed nieuws voor padden. Padden veroorzaken geen wratten. Padden produceren echter wel een beschermende substantie in de parotisklier achter de ogen. Van deze gifstof kunnen dieren, zoals honden, erg ziek worden en kan het menselijk oog flink geïrriteerd raken. Maar sommige mensen gaan een stuk verder dan padden aanraken: ze likken ze zelfs in een poging high te worden van een 'psychedelische' substantie die op hun huid te vinden zou zijn.

De soort die bekendstaat als de Coloradopad heeft inderdaad een psychedelische substantie op zijn huid. Deze substantie lijkt op serotonine en lsd en kan hallucinaties veroorzaken. Wees voorzichtig als je dat gaat uitproberen, want sommige mensen zijn gearresteerd wegens paddenlikkerij.

Waarom lijken mensen aantrekkelijker als je dronken bent?

Rechtstreeks van de Faculteit voor Psychologie van de Universiteit van Glasgow een artikel getiteld: 'Alcohol Consumption Increases Attractiveness Ratings of Opposite-Sex Faces: A Possible Third Route to Risky Sex', wat maar weer bewijst dat er echt *beer goggles* (bierbril) bestaan. Gebruik dit artikel gerust om je slechte gedrag goed te praten.

Onderbroekenlol

Leyner lijkt over zijn kortstondige smart en wroeging heen te zijn en is weer helemaal op dreef. Met een tequila in de hand staat hij een breedvoerig, quasisamenhangend betoog te houden over culturele verschillen in de hygiënische afhandeling van de stoelgang. Het publiek is ontsteld, maar staat met open mond te luisteren naar zijn wetenschappelijk getinte drekverhandeling. Terwijl Leyner verder praat, wordt er achter in de kamer een hand opgestoken. De hand behoort toe aan Joel Blake, orthodontist van beroemdheden, die een vraag wil stellen maar begint te hakkelen terwijl er tranen in zijn ogen opwellen.

Leyner loopt door de menigte met de stijl en meelevende goedheid van Oprah Winfrey, pakt zijn hand en zegt: 'Geeft niks, Joel, je mag het best zeggen, je bent onder vrienden.'

'Ik veeg mezelf staand af!' roept Joel uit.

Er klinkt gegniffel vanaf de galerij, maar Leyner legt de gevoelloze hork met een ijzige blik het zwijgen op.

'We moeten ieders Manier van Afvegen respecteren,' zegt Leyner rustig terwijl hij Joel omhelst.

De wc en alles wat zich achter gesloten deuren afspeelt is misschien wel het laatste taboe. Maar eenmaal in een vertrouwde omgeving of in een kleedkamer zijn mensen wel bereid hun geheimen te delen, vaak met akelige gevolgen.

Kun je je eigen urine drinken?

Dankzij onze fantastische democratische samenleving kun je doen wat je wilt. Je kunt beter vragen: waarom wil je je eigen pis drinken?

Een klein beetje van je eigen urine drinken is waarschijnlijk wel veilig. Het bestaat uit 95 procent water, 2,5 procent ureum en 2,5 procent zout, andere mineralen, hormonen en enzymen. Sommige mensen zijn van mening dat het zelfs geneeskrachtige eigenschappen bezit. Vraag maar aan de Chinese Association of Urine Therapy. Ze zeggen dat urine steriel, antiseptisch en niet-giftig is.

Onder serieuze yogabeoefenaars wordt urine drinken *amaroli* genoemd. Een van de beroemdste aanhangers van urinetherapie was Morarji Desai, van 1977 tot 1979 premier van India. Op het feest ter ere van zijn 99ste verjaardag schreef hij zijn hoge leeftijd toe aan het dagelijks drinken van urine. Maar wij houden het liever bij ochtendkoffie, een lekker glas cabernet sauvignon en af en toe chocomel, al leef je er een jaar of twee korter van.

Waarom kun je een scheet aansteken?

– Een gemiddelde scheet bestaat uit 59 procent stikstof, 21 procent waterstof, 9 procent kooldioxide, 7 procent methaan en 4 procent zuurstof. Nog geen 1 procent van de samenstelling zorgt ervoor dat een scheet stinkt.
– Op het moment van ontstaan is de temperatuur van een scheet 37 graden Celsius.
– Van scheten is een snelheid gemeten van ruim drie meter per seconde.
– Gemiddeld produceer je zo'n halve liter scheten per dag.
– Vrouwen laten net zo veel scheten als mannen.
– Het gas waar je scheten van gaan stinken is waterstofsulfidegas. Dit gas bevat zwavel, het stinkende compo-

nent. Hoe zwavelrijker je voeding, hoe erger je scheten gaat stinken. Voedsel waarvan scheten ontzettend van gaan meuren is bonen, kool, kaas en eieren. En ook van frisdrank.

– De meeste mensen laten zo'n veertien keer per dag een wind.

Allemaal belangrijke weetjes, maar de vraag blijft: kun je een scheet echt aansteken?

Het antwoord is: ja!

De ontvlambare aard van een scheet heeft te maken met waterstof en methaan. Het aandeel van deze gassen hangt grotendeels af van de bacteriën die voorkomen in de dikke darm en die het voedsel verteren of fermenteren dat niet door het maag-darmkanaal is opgenomen voor het in de dikke darm komt.

Er is gevaar verbonden aan het ontsteken van darmgassen, maar daar lijken corpsballen geen boodschap aan te hebben.

Waarom word je zo rimpelig als je lang in bad hebt gezeten?

Niets is heerlijker dan uitgebreid badderen om volledig te ontspannen. Het probleem is dat je naderhand tegen die vreselijke handen en voeten moet aankijken. De vraag waardoor dit komt is eenvoudig te beantwoorden: de buitenste laag van onze huid (de *epidermis*) absorbeert wat water als je te lang in bad zit. Voilà! Oudewijvenvel!

De huid op de handen en voeten is dikker dan op de rest van het lichaam, zodat veranderingen daar beter te zien zijn. Terwijl de epidermis uitzet, zwelt de laag daaronder, de *dermis*, niet op, zodat de epidermis op sommige plekken gaat rimpelen. Heel charmant, ja.

Wat is hygiënischer, spuug of plas over je heen krijgen?

Bij de studie geneeskunde is er geen speciaal vak over alle soorten afscheiding waar je als arts mee te maken krijgt. Het is nogal ontnuchterend als er op je wordt gehoest, gespuugd en zelfs geplast. Elke arts is besproeid met alle denkbare lichaamssappen.

Op een prachtige avond op de eerste hulp hoorde ik een verpleegster gillen. Toen ik haar had gevonden zag ik dat ze wanhopig probeerde te voorkomen dat een dronken patiënt die was flauwgevallen op de grond gleed. Hij was geen kleintje, en ze kon het slappe lichaam niet houden. De enige manier waarop ik hem weer op de brancard kon krijgen was als ik hem van achteren vastpakte en mezelf met de patiënt boven op me op de brancard wierp. Simpel. Daarna kon ik hem gewoon omrollen. Helaas had ik er niet op gerekend dat hij me als po zou gebruiken zodra we op bed belandden.

Dat is natuurlijk walgelijk, maar als ik kon kiezen tussen spuug of urine over me heen, dan zou ik voor het laatste kiezen. Nee, het is geen fetisj. Normale urine is steriel. Het bevat vloeistoffen, zouten en afvalproducten, maar is vrij van bacteriën, virussen en schimmels. Het ruikt niet altijd even fris, maar is beslist schoner dan spuug. Spuug bevat grote hoeveelheden bacteriën en is dus smerig.

Waarom moet je scheten laten van bonen?

Er bestaat een ongelooflijke hoeveelheid informatie over scheten. Talloze medische onderzoeken, boeken en cd's handelen over flatulentie. Eén bedrijf maakt zelfs een schetenfilter, en onderbroeken die vieze luchtjes absorberen. Maar in al die winderige informatie komt het toch altijd weer neer op bonen, het beruchtste scheet opwekkende voedsel.

Bonen hebben een hoog suikergehalte (*oligosachariden*) dat ons lichaam niet kan verteren. Als deze suikers terechtkomen in onze darmen, gaan de bacteriën aan de slag en beginnen ze grote hoeveelheden gas te vormen. Andere bronnen vormen ook gas, zoals de lucht die we inslikken, gas dat in onze ingewanden sijpelt via de bloedbaan en kooldioxide gevormd door spuug, dat reageert met maagzuur.

In Amerika gloort hoop voor wie niet tegen bonen kan. Een product genaamd Beano is daar makkelijk verkrijgbaar. Beano bevat een enzym dat wordt gewonnen uit schimmel, alfa-galactosidase, dat de complexe suikers in gasvormend voedsel helpt afbreken. Een andere methode is bonen weken voor je ze kookt, omdat je samen met het water ook hun gasvormende vermogen weggooit. Helaas verlies je daarbij ook enkele wateroplosbare vitaminen.

Ander scheetgeniek voedsel is broccoli, spruitjes, gekookte kool, rauwe appels, radijsjes, uien, komkommer, meloen, koffie, pinda's, eieren, sinaasappels, tomaten, aardbeien, melk en druiven.

Het valt op dat er veel groenten staan op de lijst met scheet producerend voedsel. Daarom laten die vegetariërs altijd scheten als ze zich tijdens yogales in rare bochten wringen.

Ga je dood als je je eigen poep opeet?

Er bestaat een psychiatrische aandoening die coprofagie heet, het eten van de eigen poep. Het is een zeldzaam verschijnsel dat kan voorkomen bij patiënten met schizofrenie, alcoholisme, dementie, depressie, het syndroom van Klüver-Bucy (vraag maar aan Mark) en dwangneurose. Scatomanie, het uitsmeren van uitwerpselen, komt vaak voor in psychiatrische instellingen. Vooraanstaande figuren vertonen soms coprofagie als vorm van parafilie, ofwel afwijkende seksuele voorkeuren. Van Eva Braun wordt zelfs gezegd dat ze op Adolf Hitler plaste en poepte. Opwindend, hoor!

Je kunt heel ziek worden van het eten van uitwerpselen. In principe is het niet dodelijk, ware het niet dat er bij het poeppeuzelen complicaties kunnen optreden als hepatitis, orale infecties, abcessen en allerlei besmettelijke ziektes. En vergeet vooral je adem de volgende ochtend niet.

12.05
LEYNER: Ben zo terug...
GOLDBERG: Goed, ik moet naar de plee.

12.15
GOLDBERG: Ik ben terug.
LEYNER: Heb je je staand afgeveegd?
LEYNER: Dat doen sommige mensen, heb ik gehoord...
GOLDBERG: Pest me niet zo. Je weet best dat het gevoelig ligt dat ik een staander ben.
LEYNER: Sorry... je weet dat ik soms zittend plas... uit pure luiheid.
GOLDBERG: Dát moeten ze je op school leren.
GOLDBERG: Toiletetiquette.
LEYNER: Ze moeten jongetjes leren dat ze niet staand hóeven te plassen... dat het gewoon een optie is.

12.20
LEYNER: Toen mijn nichtje klein was zei ze onderweg naar huis van een korte skitrip in Lennox, Massachusetts, iets geweldigs.
GOLDBERG: En, wat waren dat voor wijze woorden?
LEYNER: Het was stil in de auto en opeens zei ze: 'Ik

heb geen scheet gelaten... maar als ik jou was, zou ik een raam openzetten.'

GOLDBERG: Met al die nieuwe technologie zouden ze een automatische sensor moeten maken die winden opmerkt en het raampje opendoet.

LEYNER: Ik vind het vreselijk om in een duur restaurant naar de wc te gaan als er zo'n toiletjuffrouw zit.

LEYNER: Een herentoilet is geloof ik de enige plek op aarde waar emersoniaanse onafhankelijkheid zou moeten gelden.

GOLDBERG: Ja, dat weet ik, ik heb echt geen hulp nodig om papieren handdoekjes uit de houder te halen.

LEYNER: In een herentoilet gebeurt er eigenlijk niets wat ik zelf niet afkan.

GOLDBERG: Uiteindelijk voel je je zo schuldig dat je die arme juffrouw wel een fooi móet geven.

12.25

LEYNER: Ken je die uitdrukking voor obers en koks, als ze een dagje vrij hebben?

LEYNER: Bellman's holiday of zoiets?

GOLDBERG: ??

LEYNER: Vraag je je wel eens af of er een synoniem is voor toiletjuffrouw?

LEYNER: Kun je die uitdrukking eens opzoeken op internet? Bellman's holiday.

GOLDBERG: Ze kunnen thuis vast niet plassen of poepen omdat het hen aan hun werk doet denken.

LEYNER: En de mensen dan die de godganse dag poepmonsters zitten te bekijken, zoals daar bij Jetti Katz, ken je dat laboratorium?

GOLDBERG: Waar heb je het in godsnaam over?

LEYNER: Er is zo'n lab waar ik een keer naartoe moest

toen mijn neef, de internist, dacht dat ik een of andere exotische parasiet had opgelopen in Tierra del Fuego.

GOLDBERG: Jetti Katz klinkt als een artiest in de Catskills.

12.30

LEYNER: Dus hij stuurde me naar een lab dat gespecialiseerd is in het onderzoek naar parasieteneitjes in poep... Jetti Katz of Jeddi Katz of zoiets... ergens in Upper Manhattan.

GOLDBERG: De Jeddi Cats klinkt als een band.

GOLDBERG: Fantastische muziek.

LEYNER: Maar goed... daar werken vrouwen de hele dag met hete, dampende verse poepmonsters. Die hele toestand is onuitwisbaar in mijn geheugen gegrift.

GOLDBERG: Onuitwisbaar of onverteerbaar?

LEYNER: Eerst drink je dat... Hoe heet dat laxeermiddel dat ze je geven?... Wel een pakkende naam.

GOLDBERG: Golytely.

LEYNER: Werkt retesnel.

LEYNER: Weet je wat ik bedoel?

GOLDBERG: Niks lichts aan.

LEYNER: Hoe heet dat spul? Help nou eens.

GOLDBERG: Niet Golytely?

LEYNER: Nee.

GOLDBERG: Lactulose, sorbitol, magnesiummelk, cascara, Dulcolax...

LEYNER: Dulcolax... geloof ik.

GOLDBERG: Magnesiumcitraat.

GOLDBERG: Dulcolax, 'the Duke'.

LEYNER: Dulcolax, ja!!!!! Maar goed, dat moet je drinken... dan staan er een stuk of twaalf man te dringen voor drie wc's. Net een soort gênante Japanse spelshow.

GOLDBERG: We kunnen beroemd worden in Japan.

LEYNER: Dat zijn we al.

GOLDBERG: Zijn je boeken aan het buitenland verkocht?

LEYNER: Dat is het gekke van Japan. Je kunt daar beroemd zijn, winkelcentra naar je vernoemd krijgen en zo, en er geen idee van hebben.

GOLDBERG: Ik weet bijna zeker dat er in Kyoto geen winkelcentrum is dat Billy Goldberg heet.

LEYNER: Een van mijn boeken is uitgegeven in Japan, en allemaal in Groot-Brittannië, Italië en Frankrijk... en in Tsjetsjenië geloof ik. Ik ben een soort Dr. Seuss van Tsjetsjenië.

Krijg je aambeien als je te lang op de wc zit?

We hebben het niet in onze bol vanwege dit boek, en verwachten dan ook dat het belandt op dat fijne plekje naast de wc. Maar helaas moeten we je waarschuwen: als je te lang op de plee zit, kun je aambeien krijgen. Helaas is dat geen bakerpraatje.

Aambeien zijn abnormaal opgezwollen aders in het rectum en de anus. Ze lijken op de spataders die je wel eens bij mensen op het strand ziet. Op dit moment hebben naar schatting ongeveer honderd miljoen Amerikanen er last van. Meer dan de helft van de Amerikaanse bevolking heeft rond zijn vijftigste aambeien. De meest voorkomende oorzaak is een zittend leven, persen tijdens de stoelgang (wegens verstopping of harde ontlasting), langdurig op het toilet zitten, hevig hoesten, kinderen baren en zwaar tilwerk. Ook is gesuggereerd dat het westerse eetpatroon, dat rijk is aan bewerkt voedsel en arm aan vezels, bijdraagt aan aambeien.

Te lang op de wc zitten is problematisch omdat dit het enige moment is dat de anus echt ontspant, zodat de aderen zich volledig kunnen vullen met bloed. Om dit probleem voor te zijn moet je je darmen legen zodra je aandrang krijgt. Als je niet meteen naar de wc kunt, pak dan ons boek (we verwachten dat het toiletlectuur is) maar loop dan tijdens het lezen. Je kunt altijd terug om het zaakje af te maken.

Waarom stinkt poep terwijl het eten niet stinkt?

We willen hier geen culturele stereotypen creëren, maar de meeste poep- en piesvragen kwamen van mensen uit Australië. Ja, twee Australische vrienden stelden heel wat vragen over hun stoelgang.

Op de een of andere manier heeft alles wat in de darmen gebeurt iets te maken met de productie van gas en zwavelverbindingen. De bacteriën in de ontlasting zorgen ervoor dat het zo stinkt. Deze bacteriën produceren namelijk verschillende verbindingen en gassen die leiden tot de zalige geur van een stations-wc. De geur van je ontlasting kan worden beïnvloed door medische aandoeningen of door je eetpatroon. Vettige en bloederige ontlasting zijn berucht vanwege hun stank. In het ziekenhuis wordt een grote, rijpe drol 'code bruin' genoemd. Leuk insidersweetje hè?

Waarom blijft poep drijven?

Sommige mensen hebben een obsessie voor het draaien van de perfecte drol. Mijn broer riep me er zelfs bij om zijn kunstwerken te bekijken, en dat bindt je als jonge jongens natuurlijk enorm. Een vriend van me vertelde me eens over zijn mooiste moment, toen hij de cobra produceerde: een die rondcirkelde en zijn kop omhoogstak. Van het draaien van een mooie drol krijg je gewoon een warm gevoel. Dus misschien moet je erom lachen, maar we weten zeker dat je je wel eens hebt afgevraagd waarom sommige drollen blijven drijven.

Daar zorgt gas voor. Door een groter lucht- en gasgehalte zijn ze minder compact, zodat ze gaan dobberen.

Waarom is poep bruin?

Het komt heel vaak voor dat we mensen moeten vragen naar de kleur van hun ontlasting om uit te zoeken of ze een bepaalde ziekte hebben. Er zijn bepaalde kleurveranderingen die zorgwekkend kunnen zijn, maar over het algemeen is het beoordelen van de kleur van je poep geen exacte wetenschap.

Ontlasting heeft meestal een bruine of gele kleur door de aanwezigheid van een oranjegele substantie genaamd bilirubine. Bilirubine reageert met ijzer in de darmen en dat samen levert een prachtige bruine kleur op.

Poep kan echter alle kleuren van de regenboog hebben:

ZWART: zwarte ontlasting (*melena*) kan erop duiden dat er een bloeding is in het bovenste deel van het maagdarmkanaal, de slokdarm, maag of het eerste deel van de dunne darm. Andere dingen die kunnen zorgen voor zwarte ontlasting zijn drop, lood, ijzerpillen, Pepto-Bismol (Amerikaans middeltje tegen misselijkheid) of bosbessen.

GROEN: groene bladgroenten bevatten chlorofyl, wat de ontlasting groen kan kleuren. Groene ontlasting kan ook optreden bij diarree als er gal onveranderd door de darmen komt. Bij baby's die borstvoeding krijgen is groene ontlasting heel normaal, vooral vlak na de geboorte.

ROOD: kastanjebruine ontlasting of helderrood bloed in poep duidt er meestal op dat er een bloeding is in het laatste deel van het spijsverteringsstelsel. Aambeien en *diverticulitis* zijn de meest voorkomende oorzaken van helderrood bloed in de ontlasting. Bietjes en tomaten kunnen poep ook rood kleuren.

GRIJS: aandoeningen aan de lever, alvleesklier en galblaas kunnen een wittige of grijze stoelgang veroorzaken.

GEEL: één aandoening die voor gele ontlasting kan zorgen is een parasitaire darminfectie die *giardiasis* heet. Giardiasis zorgt ook voor flinke diarree. Een andere oorzaak van gele poep is een aandoening die het syndroom van Gilbert wordt genoemd. Dat is een vrij veel voorkomende genetische afwijking die ervoor zorgt dat je bilirubinegehalte stijgt. Het syndroom van Gilbert is zelden gevaarlijk.

Waar gaat een scheet naartoe als hij er niet uit kan?

Sommige mensen zien hun endeldarm als een straat met eenrichtingsverkeer. Toen een arts voor een rectaal onderzoek na een ongeval bij iemand zijn vinger in diens rectum moest stoppen, riep deze uit: 'Niet doen, dat is een uitgang!'

Flatulentie volgt dezelfde regel. Gas gaat eruit of verdwijnt gewoon.

Als je op een onbewoond eiland terechtkomt, moet je dan zeewater drinken of je eigen urine?

Zeewater is meer dan drie keer zo geconcentreerd als bloed. Mensen moeten geen zout water drinken omdat je daarmee je lichaam dwingt een oplossing op te nemen die geconcentreerder is dan de eigen lichaamsvloeistoffen. Om het teveel aan zout kwijt te raken moet je lichaam het als urine door de nieren loodsen. De nieren kunnen alleen maar urine maken die minder zout is dan zout water, dus als je zeewater drinkt plas je veel en verlies je te veel water. Dat zorgt ervoor dat je lichaam uitdroogt en er te veel natrium in je bloedbaan komt. Dan zou er water uit al je andere cellen verdwijnen om te worden opgenomen in de bloedbaan, waardoor de cellen verschrompelen en slecht gaan functioneren. Bijgevolg zouden de spieren zwak worden en pijn gaan doen, het hart zou onregelmatig gaan kloppen, je zou in de war raken en uiteindelijk zou je doodgaan.

Urine is waarschijnlijk veiliger dan zeewater, maar het verraderlijke is dat je, als je geen water hebt om te drinken, uitgedroogd raakt en geen urine produceert. Het beste is om geen schipbreuk te lijden en als dat toch gebeurt, bid dan maar om regen.

Kun je ziektes oplopen van een wc-bril?

Tijdens ons onderzoek stuitten we op gonorroe, wc-brildermatitis (eczeem in de bilnaad), *ascaris lumbricoides* (spoelworm) en *enterobius vermicularis* (aarsmaden). Ja, we weten wat je denkt. Nadat we zorgvuldig onze handen hadden gewassen gingen we terug naar onze computer en stuitten we op nog meer informatie.

In een enkel geval kun je iets oplopen op een openbaar toilet, maar zo heel vaak gebeurt dat niet. Misschien is je werk wel slechter voor je gezondheid dan wc-brillen. Een microbioloog van de Universiteit van Arizona, Charles Gerba, ontdekte dat op een standaard kantoorplek vierhonderd keer zoveel ziekte veroorzakende bacteriën huizen als op de gemiddelde wc-bril. Hier volgt een bacteriëntelling:

TELEFOON: 3894 bacteriën per vierkante centimeter
TOETSENBORD: 511 bacteriën per vierkante centimeter
COMPUTERMUIS: 260 bacteriën per vierkante centimeter
TOILETBRIL: onbetaalbaar

Waarom moet ik meteen na het koffiedrinken naar de wc?

Bij ons thuis noemen we dat het koffiealarm. Je kunt de klok erop gelijkzetten.

Van koffie is welbekend dat het een laxerende werking heeft. De cafeïne in koffie voert de snelheid in elk systeem van ons lichaam op, dus ook in de darmen. Maar als het overmatig wordt gebruikt, kan cafeïne de normale samentrekking van de darmen verstoren en leiden tot verstopping. Cafeïnevrije koffie bevat geen cafeïne, maar prikkelt de darmen toch.

Waarom hebben sigaretten een laxerende werking?

Voor sommige mensen gaat er 's ochtends niets boven een bak koffie met een sigaret, gevolgd door het ochtendlijke wc-bezoek. Cafeïnehoudende drankjes en nicotine hebben waarschijnlijk een laxerende werking omdat ze de zenuwen stimuleren die de samentrekking van de darmen bevorderen, dus als je de avond daarvoor een blok kaas hebt gegeten is het een fantastische remedie.

Als je wilt ontbijten met koffie en sigaretten, zorg dan dat er een schoon toilet in de buurt is.

Waarom moet je plassen als je water hoort druppelen?

Sorry, voor sommige verschijnselen bestaat gewoon geen medische verklaring. Bij geneeskunde heeft niemand ooit uitgelegd waarom je moet plassen als je aan het tanken bent.

Als je hand tijdens het slapen in warm water wordt gestopt, plas je dan in bed?

Het voelde altijd gevaarlijk als je op vakantiekamp naar bed moest. De angst dat iemand je hand in warm water stopte en je wakker werd in je eigen plas was angstaanjagend. Er is geen duidelijk medisch bewijs voor deze kampmythe, maar er zou wel eens wat wetenschap achter kunnen zitten. Het is bekend dat als iemand moeite heeft met plassen, een warm bad het soms makkelijker maakt, mogelijk omdat er minder druk op de urinebuis komt te staan doordat de lichaamstemperatuur tijdens een bad stijgt. In een Egyptisch onderzoek getiteld 'Role of Warm Water Bath in Inducing Micturition in Post Operative Urine Retention After Anorectal Operations' [De invloed van een warmwaterbad op het urineren als er sprake is van urineretentie na anorectale operaties] uit 1993 werd deze zogenaamde thermo-sfincter-reflex beschreven. We weten nog steeds niet of het 'handdompelen' op dezelfde manier werkt, maar het is wel grappig om je voor te stellen hoe een Egyptenaar in een laboratorium slapende vrijwilligers besluipt om ze in hun bed te laten plassen.

Is het gevaarlijk om je plas op te houden?

In de brugklas maakte mijn leraar biologie ons jonge zielen altijd bang met het idee dat als we met een volle blaas in een auto-ongeluk terechtkwamen, de blaas kon scheuren. Hij had gelijk. Over het algemeen scheurt een volle blaas sneller dan een lege.

Dat betekent echter niet dat je blaas ontploft als je je plas moet ophouden omdat je vader, man of broer geen plaspauze wil inlassen.

Ons lichaam heeft een reflexmechanisme om te voorkomen dat de blaas te opgezwollen raakt, de zogenaamde 'mictiereflex'. Als de blaas opzwelt laten rekreceptoren in de blaaswand ons weten dat het tijd is om naar de wc te gaan. Zoals we allemaal weten is dat niet bepaald aangenaam (als je te lang wacht). Deze gevoelige neuronen zorgen voor samentrekkingen die sterk genoeg kunnen worden om de spier die de urinebuis gesloten houdt te ontspannen, waardoor de urine eruit kan.

Waar komt dat gerommel in je buik vandaan als je moet poepen?

Borborygmi: BOR-BO-RYG-MI; telbaar zelfstandig naamwoord, meervoud; borrelend geluid veroorzaakt doordat gas zich door de darmen beweegt.

Zeker geen woord dat je bij geneeskunde leert, of dat je makkelijk in een zin gebruikt.

Dit borrelende geluid is een normaal onderdeel van de spijsvertering. Het ontstaat door spieractiviteit in de maag en dunne darm als het voedsel, gas en vloeistoffen worden gemixt en door de darmen worden geperst. Dit samenknijpen van de spierwanden wordt peristaltiek genoemd. Veel mensen associëren het geluid met honger omdat het harder is en meer echoot naarmate de darmen leger zijn. Mmmm!

09.07

GOLDBERG: Goedemorgen.
LEYNER: Het allerbeste voor u en de uwen... wacht even, ik ben net een e-mail aan het afronden...
GOLDBERG: Ik ga even koffie zetten.

09.10

LEYNER: Goed...
GOLDBERG: Koffie en pizza als ontbijt.

09.15

LEYNER: Ik heb ontbeten met een worstje en gegiste merriemelk.

GOLDBERG: Lastig te vinden tegenwoordig, gegiste merriemelk.

LEYNER: De mensen zouden van zo veel mogelijk verschillende soorten zoogdieren melk moeten drinken.

GOLDBERG: Heb je indertijd ooit menselijke moedermelk geproefd?

LEYNER: Al die verschillende antilichaampjes zijn goed voor het opbouwen van een immuunsysteem dat bestand is tegen de apocalyptische grieppandemie die op komst is.

GOLDBERG: Ik ben doodsbang voor de vogelgriep.

LEYNER: Nee... nooit die mammamelk geproefd... Ik probeerde het geboorteproces en mijn seksleven zo goed mogelijk van elkaar gescheiden te houden.

LEYNER: Dat hele vogelgriepgedoe lijkt wel een soort reclame voor een Hollywood-film... zoals *The Birds* van Hitchcock en...

GOLDBERG: Goed, beste man, we moeten dit eindelijk eens afronden en ons aan betere en grotere dingen gaan wijden.

LEYNER: Hoe heette die epidemiefilm?

GOLDBERG: *Outbreak* met Dustin Hoffman.

LEYNER: Wat zitten we nu eigenlijk te doen... zijn we over iets nuttigs aan het chatten?

GOLDBERG: Nog niet, we doen maar wat.

LEYNER: Omé.

LEYNER: Morgen komt niet zo goed uit om te werken... kun je donderdag?

GOLDBERG: Ik zit intussen rekoefeningen te doen.

LEYNER: Hoe zit je donderdag?

GOLDBERG: Kan ik niet. Moet ik werken.

09.30

LEYNER: Zo'n voorpagina van die krachtpatserbladen... die kerels zouden op de sportschool de ligfiets moeten nemen in plaats van de gewone die druk uitoefent op het klokkenspel en het gevoelige perineum.

GOLDBERG: Er was iets met fietsen dat de pudendazenuw kan beschadigen en je leuter kan aantasten.

GOLDBERG: Het gevoelige perineum, wie heeft dat geschreven? Fitzgerald?

LEYNER: Fantastisch als je urologie en zwaar materieel laat samenvloeien.

LEYNER: 'Het gevoelige perineum', ja, ja... het onvoltooide meesterwerk van F. Scott...

GOLDBERG: Nooit geweten dat ik dingen kon laten samenvloeien.

LEYNER: Die arme sloeber heeft nooit de kans gehad om de catharsis uit te werken...

LEYNER: Laatst hoorde ik een vrouw praten over ochtenderecties...

GOLDBERG: Spelde je catharsis nou spontaan helemaal goed?

LEYNER: In een supermarkt in LA.

GOLDBERG: Ik vroeg me af waar je dat had gehoord.

LEYNER: Ja, dat heb ik spontaan goed gespeld... komt door de koffie.

GOLDBERG: Ik wist niet dat mensen in LA echt praatten.

LEYNER: Die vrouw... waanzinnige neptieten en het gezicht van een verschrompelde tuinkabouter... zei dat ze geen ochtenderectie wil aanraken... omdat het 'niet om mij' was (zei ze)... het is gewoon een 'reflex'.

09.35

LEYNER: Ik denk dat mensen het gevoel willen hebben dat ze een verandering in de fysionomie van een ander hebben 'verdiend'.

GOLDBERG: LA is zo'n bizarre stad. New Yorkers zouden van elke erectie profiteren. Waarom zou je iets moois verspillen?

LEYNER: Ken je die reclame voor de nieuwe Viagra... hoe heet dat spul ook alweer?

GOLDBERG: Cialis. Jezus, wat zien die lui er ontspannen en gelukkig uit.

GOLDBERG: We moeten ons eigen farmaceutische bedrijf oprichten.

LEYNER: Waarom zeggen ze aan het eind van die reclame dat je bij erecties van langer dan vier uur naar de dokter moet?

LEYNER: Kun je dan niet beter naar de politie?

LEYNER: Wat is er eigenlijk zo gevaarlijk aan een erectie van vier uur?

GOLDBERG: Priapisme, beste vriend, priapisme.

GOLDBERG: Heel pijnlijk en het kan zorgen voor permanente schade aan de penis.

LEYNER: Kun je een permanente erectie krijgen?

GOLDBERG: Ik persoonlijk?

09.40

LEYNER: Die is goed.

LEYNER: Ze zeggen dat pornosterren heel snel weer een erectie kunnen krijgen... dat is een roeping waar veel vraag naar is in die branche...

LEYNER: Is er een verklaring voor het verschil in refractietijd bij mannen? Hoe is het verschil in refractietijd tussen mannen te verklaren?

LEYNER: Heet dat echt zo?

GOLDBERG: Het klinkt wel wetenschappelijk.

LEYNER: Dat heet inderdaad zo! Wat ben ik toch slim... Vind je ook niet?

GOLDBERG: Je zou een wetenschappelijk artikel kunnen schrijven over 'De refractaire erectietijd in de porno-industrie'.

GOLDBERG: Het is net zo belangrijk om hem omlaag te krijgen als omhoog. Voor die gênante momenten in het openbaar.

LEYNER: Over porno gesproken.

LEYNER: Hebben we in dit boek al gevraagd of vrouwen kunnen ejaculeren?

GOLDBERG: Het enige waar we het over hebben is porno, poep en penissen.

GOLDBERG: Ontzettend studentikoos.

GOLDBERG: Ja, dat kunnen ze.

09.45

LEYNER: ...dat we met alle geweld onze genen in de toekomst willen lanceren voor we ten onder gaan in een poel van uitwerpselen en verrotting???

LEYNER: Vind je dát studentikoos?

LEYNER: Dat is het tragikomische van het leven!

LEYNER: En het hoofdthema van ons boek, yo.

GOLDBERG: Wat is het thema van ons boek?

LEYNER: De met elkaar verweven kosmische draden van porno en poep.

LEYNER: Dat is een ketentheorie, ooit van gehoord?

GOLDBERG: Ben vandaag erg traag op het toetsenbord.

GOLDBERG: Volgens mij gaat mijn hoofd ontploffen.

LEYNER: Dat we heldhaftig proberen poëzie en architectuur te scheppen en cultuur door te geven en onze genetische erfenis door te geven, allemaal in het licht van de zekerheid dat we aftakelen en de abjecte vernedering van ouderdom en de dood.

LEYNER: Elke dag weer is het een zware strijd om mijn waardigheid te bewaren met zo'n 'leesbril'.

LEYNER: Waardigheid.

LEYNER: In mijn gedrevenheid heb ik het verkeerd geschreven.

GOLDBERG: Wacht heel even.

09.55
U bent uitgelogd of de verbinding is verbroken.

Geneeskunde in de film en op tv

Al die opwindende poep- en piesvragen hebben bevrijdend gewerkt; iedereen voelt zich gelouterd en verkwikt. Joel leidt met nieuw verworven zelfvertrouwen een kleine groep in een spelletje hints. Leyner, met de bijna lege fles tequila in zijn ene hand en een dikke Cubaanse sigaar in de andere, staat wild te gesticuleren in een poging een scène uit *Gone with the Wind* uit te beelden. Ik zie Leyners woeste gebaren aan voor een aanval van focale epilepsie en vlieg de kamer door om eerste hulp te verlenen. Het gezelschap denkt dat dit allemaal bij de aanwijzingen hoort en blijft filmtitels roepen. Leyners gezicht is verwrongen tot een bizarre grimas als ik hem op de grond leg en zijn luchtweg openhoudt door zijn hoofd te buigen en zijn kaak open te rukken. Leyner kijkt nu heel nijdig en ik realiseer me dat het geen epilepsie is op het moment dat Assepoester *Spartacus* raadt, verkeerd dus.

Joel roept uit: '*Vision Quest*!'

En Jeremy antwoordt snel: 'Nee man, ze zijn niet aan het worstelen, volgens mij zijn ze verliefd.'

Joel antwoordt snel: '*The Birdcage*!'

Assepoester gokt: '*Sjakie en de chocoladefabriek*.'

Jeremy wendt zich tot mij en flapt eruit: 'Zijn die Oempa Loempa's oranje omdat ze te veel wortels eten of gebruiken die opdonders gewoon te veel zelfbruiner?'

Voor ik antwoord kan geven komt Eloise aanschrijden en zegt – heel verbijsterend – op slepende, smachtende toon: 'Het móet *Gone with the Wind* zijn. Ik zou ook een toeval krijgen als mijn bungalow in Charleston van tien miljoen dollar in vlammen opging. Arme, mooie Tara.'

Mensen komen vaak de bioscoop uit met allerlei vragen over wat ze net hebben gezien. Na een spannende aflevering van ER kan ik altijd een telefoontje verwachten.

Kloppen: KLOP-PEN; werkwoord.

1 Correct zijn in alle details.
2 Geen fouten of onjuistheden bevatten.

Natuurlijk klopt het niet helemaal! Het is tv.

Maar de schrijversploeg weet de georganiseerde chaos van de spoedeisende hulp wel goed te vatten. Ze gebruiken echte medische gevallen, maar hun medische verbeelding wordt altijd opgepoetst om het wat extra Hollywood-flair te geven.

Ik liep mijn coschappen op de spoedeisende hulp in Los Angeles toen ER net begon, en de schrijvers kwamen vaak in ons ziekenhuis kijken om ideeën op te doen. Eén patiënt die ik daar zag kwam voor in een van de eerste afleveringen, en het gevoel voor drama van de schrijvers is er goed in terug te zien. Op een dag zat een peuter met een kleerhanger te spelen en de punt van de haak kwam achter in zijn keel vast te zitten. Het ambulancepersoneel bracht de peuter voorzichtig binnen op de eerste hulp met de kleerhanger bungelend uit zijn mondje. Dat zag er natuurlijk heel dramatisch uit en we vlogen er allemaal op af. Het kind was bang maar ademde goed, en mijn collega's en ik probeerden hem zoveel mogelijk met rust te laten en hem kalm te houden. (Regel 1 van de geneeskunde: richt geen schade aan.) Op een röntgenfoto was te zien dat de punt van de haak nauwelijks in de keel van het kindje haakte. En dan nu het dramatische einde: we haalden de haak er gewoon uit. Volgende patiënt!

Toen de glamourdokters in ER de hanger echter uit de keel van het ventje probeerden te verwijderen, begon hij enorm te bloeden. Na een noodtracheotomie, heldhaftige chirurgie ter plaatse en een kleine romance werd de peuter op het nippertje gered.

Bestaat het soort amnesie dat je in de film ziet echt?

Amnesie schijnt het goed te doen bij scenarioschrijvers, omdat je er makkelijk de plot mee kunt veranderen. Het aantal 'amnesiefilms' is eindeloos: *The Bourne Identity*, *50 First Dates*, *Desperately Seeking Susan*, *Eternal Sunshine of the Spotless Mind*, *Overboard*, *Spellbound*, *Total Recall*, om er maar een paar te noemen.

De amnesie waar dokters mee te maken krijgen is heel anders dan die op het witte doek.

Amnesie, ofwel geheugenverlies, is het best te omschrijven als het onvermogen zich informatie te herinneren of informatie in de juiste context te plaatsen. Bij amnesie gaan zelden alle herinneringen aan het verleden verloren. Niemand die aan geheugenverlies lijdt kan zich de rest van zijn of haar leven helemaal niets meer herinneren van het verleden. Geheugenverlies is meestal tijdelijk van aard en beslaat meestal een beperkte periode van iemands leven.

SOORTEN AMNESIE

Anterograde amnesie: onvermogen om de gebeurtenissen van na het trauma of aanvang van de ziekte die de amnesie heeft veroorzaakt te herinneren. Anterograde amnesie treedt vaak op na acute gebeurtenissen als een ongeval, hartaanval, zuurstofgebrek of epilepsieaanval.

Retrograde amnesie: onvermogen om gebeurtenissen van voor het trauma of het begin van de ziekte die de amnesie heeft veroorzaakt te herinneren. Retrograde amnesie komt vaak voor bij neurodegeneratieve ziektebeelden als dementie en de ziekte van Alzheimer.

Emotionele/hysterische amnesie (fugueamnesie): geheugenverlies veroorzaakt door psychisch trauma als een auto-ongeluk of seksueel misbruik. Meestal is dit een tijdelijke toestand.

Lacunaire amnesie: onvermogen om een bepaalde gebeurtenis te herinneren.

Korsakov-syndroom: geheugenverlies veroorzaakt door chronisch alcoholisme.

Posthypnotische amnesie: geheugenverlies veroorzaakt door hypnose, zoals het onvermogen gebeurtenissen die tijdens de hypnose plaatsvonden te herinneren of het onvermogen informatie die in het langetermijngeheugen is opgeslagen te herinneren.

Voorbijgaande globale amnesie: spontaan geheugenverlies dat van een paar minuten tot enkele uren kan duren; komt meestal voor bij mensen van middelbare leeftijd en bejaarden.

Dit zijn een paar films die Hollywood-bonzen liever zouden vergeten: *Gigli*, *Ishtar*, *Howard the Duck*, *The Postman* en *The Adventures of Pluto Nash*.

Wat gebeurt er als je iemand een naald in zijn hart steekt, zoals in *Pulp Fiction*?

'Nee, je hoeft goddomme niet drie keer te prikken! Je moet maar één keer prikken, maar het moet hard genoeg zijn om door haar borstbeen in haar hart te komen, en als je dat hebt gedaan duw je de zuiger naar beneden.'
LANCE (ERIC STOLTZ), *Pulp Fiction*

Nee, routinematige direct in het hart injecties inbrengen wordt niet aangeraden bij reanimatie. Anders gezegd: artsen op de spoedeisende hulp injecteren nooit iets rechtstreeks in het hart. Bij *pericardiocentesis*, een zeer sporadische ingreep, wordt een naald onder het borstbeen ingebracht in het hartzakje om overtollige vloeistof te verwijderen. Dat wordt gedaan als vloeistof of bloed rondom het hart het functioneren van het hart belemmert. Dit wordt alleen in ernstige noodgevallen gedaan.

In *Pulp Fiction* proberen John Travolta en Samuel L. Jackson Uma Thurman na een overdosis drugs te redden door haar een adrenaline-injectie te geven. In plaats daarvan hadden ze haar een injectie met het medicijn Narcan moeten geven om het effect van de heroïne te keren. Adrenaline (epinefrine) wordt vaak toegediend tijdens een hartstilstand, maar alleen via een ader. Sorry, niet zo dramatisch, maar beslist minder pijnlijk.

Waarom raakt iedereen in de film in shock?

In de film en volgens het woordenboek kan 'shock' een hevige verrassing of emotionele verwarring betekenen. In de medische wereld is een shock een ernstig noodgeval. Als artsen het over een shock hebben, bedoelen ze dat de bloedsomloop onvoldoende bloed kan rondpompen. Dit moet snel worden behandeld, anders kan de dood erop volgen.

Er zijn verschillende oorzaken voor een medische shock, waaronder bloedingen (*hypovolemische shock*), het onvermogen van het hart om voldoende bloed rond te pompen (*cardiogenische shock*), ernstige infectie (*septische shock*) en levensgevaarlijke allergische reacties (*anafylactische shock*). Mensen die een shock hebben, hebben een lage bloeddruk, moeite met ademhalen, een zwakke, snelle hartslag, koude en klamme huid, minder urine en zijn verward.

De shock die we zo vaak in de film zien zou je dus beter een heftige ervaring kunnen noemen.

Kunnen mensen echt bijkomen uit een jarenlang coma?

Als het er in het echte leven net zo aan toeging als in een soap, dan zou het antwoord op deze vraag altijd ja zijn. Helaas is een coma een zeer ernstig probleem en al komen er mensen uit bij, hoe langer ze in deze toestand blijven, hoe minder waarschijnlijk het is dat ze weer bij bewustzijn komen. Deze kwestie ligt heel gevoelig, omdat artsen niet echt kunnen voorspellen welke patiënten wakker zullen worden en welke niet.

Als je goed kijkt naar de speelfilm *Coma* zul je Tom Selleck, inderdaad, Magnum, PI, in schijndode toestand zien. Ook in recente films, zoals *While You Were Sleeping, Kill Bill* en *Hable con ella* wordt coma gebruikt als verhaalelement. Maar de medische kant van een coma is lang niet zo opwindend als Hollywood ons doet geloven.

Om te beginnen zijn er verschillende stadia van een coma, ofwel bewustzijnsstoornis. Het bewustzijn bestaat grofweg uit twee componenten: prikkeling en bewustzijn. Coma wordt gedefinieerd als een staat van reactieloosheid waaruit iemand nog niet is ontwaakt door middel van prikkels. Comapatiënten zijn niet wakker en ze zijn zich niet bewust van hun omgeving. Doorgaans duurt een coma niet erg lang. Na een paar weken hervinden de meeste patiënten weer een zekere mate van bewustzijn en zo niet, dan wordt hun toestand omschreven als een persistent vegetatieve staat. De persistent vegetatieve staat wordt gekenmerkt door een volledig gebrek aan bewustzijn van het zelf of de omgeving. Deze patiënten kunnen wakker lijken en zelfs hun ogen open hebben, maar ze zijn zich totaal niet bewust van hun omgeving.

Een ander stadium van bewustzijn is de minimaal bewuste staat, een tussenstadium van bewustzijn, dat wil zeggen dat een patiënt ergens tussen een persistent vegetatieve staat en normaal bewustzijn in zit. Deze patiënten kunnen af en toe tekenen van bewustzijn geven.

Het 'Locked-in Syndroom' is een zeldzame aandoening die moet worden onderscheiden van bewustzijnsstoornissen. Het wordt gekenmerkt door complete verlamming van de vrijwillige spieren in alle delen van het lichaam, behalve die van de ogen. Deze patiënten kunnen denken en redeneren, maar niet praten en zich niet bewegen.

Moet je net als in oude westerns kogels meteen verwijderen?

Het zou vreselijk heldhaftig zijn als we onze schotwond-slachtoffers een slok whisky gaven en op hun riem lieten bijten als we de kogel verwijderden met een mes dat was gesteriliseerd in een kampvuur. Ik zou ook dolgraag elke dag op een wit paard naar mijn werk gaan, maar dat gebeurt evenmin.

In oude westerns wordt nogal haast gemaakt met het verwijderen van een kogel, alsof ze daarmee levens redden. In werkelijkheid maken artsen zich niet zozeer druk om de aanwezigheid van de kogel, maar eerder om de schade die hij aanricht op weg naar binnen of naar buiten. We krijgen vaak patiënten van wie om andere redenen een röntgenfoto wordt gemaakt, maar die nog een kogel hebben zitten van een eerder ongeluk.

Er zijn bepaalde situaties waarin we liever geen kogel in het lichaam laten zitten. Als er kogels of splinters in de buurt zitten van belangrijke bloedvaten, zenuwen (vooral de ruggengraat) of in een gewricht, kunnen ze gaan wandelen en schade veroorzaken. In die gevallen worden kogels meestal verwijderd.

Mensen vragen ook wel waarom je geen loodvergiftiging kunt krijgen van kogels die in het lichaam achterblijven. Over het algemeen worden loodscherven in zacht weefsel omkapseld door vezelig weefsel en kunnen daarom in feite geen kwaad. Als er een kogel in een gewricht zit, kan er wel loodvergiftiging optreden. Bij een onderzoek in Los Angeles in 2002 werden meer dan vierhonderd patiënten bekeken bij wie kogels in het lichaam waren blijven zitten. Bij een klein aantal patiënten werd een verhoogd loodgehalte aangetroffen. Kogels of hagel bestaan voor 50 tot 100 procent uit lood en mensen lopen meer kans op loodvergiftiging als er meerdere kogels of splinters in het lichaam zitten. Dus het is jammer voor de liefhebbers van spaghettiwesterns, maar de ouderwetse whisky-en-leerroutine is alleen maar show.

Bestaat er echt een medicijn dat werkt als waarheidsserum?

Actiehelden zoals Arnold Schwarzenegger krijgen vaak te maken met een ondervrager die een waarheidsserum gebruikt om de held zijn geheimen te ontfutselen. In de film zijn onze helden in staat deze serums te weerstaan en de waarheid te verbergen. De waarheid verbergen lijkt actiehelden ook voor te bereiden op een succesvolle loopbaan in de politiek.

Het klinkt als pure fictie, maar er bestaan echt waarheidsserums. Barbituraten zoals *sodium amytal* en *sodium penthotal* werden begin twintigste eeuw voor het eerst als waarheidsserum gebruikt. Deze medicijnen onderdrukken de controle over het centrale zenuwstelsel en werden door artsen gebruikt om vergeten herinneringen of onderdrukte gevoelens op te roepen. Ze worden ook gebruikt voor patiënten bij wie een conversiestoornis wordt vermoed, een aandoening waarbij psychologische problemen fysieke symptomen veroorzaken.

Bij een 'amytaal interview' wordt er een kleine hoeveelheid van dit middel intraveneus toegediend. Het zorgt voor slaperigheid, onduidelijk spreken en ontspanning. In deze toestand zijn patiënten ontvankelijker voor suggestie, zodat er mogelijk onderdrukte gevoelens of herinneringen aan het licht kunnen komen.

Tegenwoordig worden dit soort gesprekken nog zelden gevoerd. Van het 'waarheidsserum' ga je nog niet de waarheid spreken. Patiënten verliezen misschien hun remmingen, maar ze raken niet al hun zelfbeheersing kwijt. Ze zijn dan ook nog steeds in staat hun gedrag te bepalen en te liegen. Onderzoeken hebben uitgewezen dat patiënten tijdens deze 'amytale interviews' vaak een vertekend tijdsbesef hebben, geheugenstoornissen vertonen en moeite hebben onderscheid te maken tussen realiteit en verbeelding, zodat het verschil tussen feit en fictie nog vager wordt.

Wat zit er op die lappen waarmee schurken hun slachtoffer bedwelmen?

We hebben het allemaal wel eens gezien in de film. De slechterik grijpt iemand van achteren, drukt een lap op neus en mond van het slachtoffer en de persoon in kwestie zijgt meteen in elkaar.

In een ziekenhuis wordt anesthesie niet bepaald op die manier aangepakt, maar veel mensen vragen zich af of zo'n lappentactiek wel mogelijk is, en zo ja, wat er voor spul op de doek zit.

Er zijn twee mogelijkheden: chloroform en ether. Halverwege de negentiende eeuw werden deze chemische stoffen gebruikt als verdovingsmiddel. Chloroform wordt het vaakst genoemd bij deze cinematografische bedwelmingen, maar in werkelijkheid werkt het niet zo snel als de film doet vóórkomen. Meestal duurt het een paar minuten om met chloroform een staat van bewusteloosheid op te roepen. Chloroform heeft ook veel bijwerkingen, zoals misselijkheid, braken en huidirritatie.

Ether werd ontdekt in de zestiende eeuw en later gebruikt als verdovingsmiddel. Het werd ook gebruikt om ademhalingsproblemen als astma te behandelen. Ether werd populair en ontpopte zich tot een vroege partydrug die mensen gebruikten om high van te worden. Helaas kan ether evenmin voor zo'n dramatische ineenzijging zorgen.

Een andere optie in de film om mensen snel buiten westen te krijgen is stiekem een pil oplossen in een drankje. Dat wordt wel een 'Mickey Finn' genoemd. Deze vergiftigde drankjes bevatten chloraalhydraat opgelost in alcohol. Chloraalhydraat is een verdovend middel dat tegenwoordig in ziekenhuizen wordt gebruikt, vaak om kinderen vóór ingrepen te kalmeren. Andere eigentijdse filmverdovingen zijn de zogenaamde *date rape drugs*: GHB, rohypnol en ketamine.

Kun je stikken in je eigen braaksel, zoals de drummer in *This Is Spinal Tap?*

In de film *This Is Spinal Tap* overlijdt Eric 'Stumpy Joe' Childs, de tweede drummer van de band uit de titel, in 1974 omdat hij stikt in zijn braaksel. In de film wordt onthuld: 'De officiële doodsoorzaak is dat hij overleed door te stikken in braaksel. Het was niet zijn eigen braaksel. Hij stikte in de kots van iemand anders.'

Deze gebeurtenis zou zijn geïnspireerd op de dood van John Bonham, de drummer van Led Zeppelin. In 1980 werd Bonham dood aangetroffen na een zuippartij. Hij zou buiten bewustzijn zijn geraakt en in zijn eigen braaksel zijn gestikt.

Dit is een reëel en mogelijk gevaarlijk risico van overmatig alcoholgebruik. Dood door alcoholmisbruik wordt het vaakst veroorzaakt door aspiratie. Bij aspiratie ademt iemand braaksel in in de longen, waardoor hij feitelijk verdrinkt.

Hebben mensen echt meervoudige persoonlijkheden, zoals in *Sybil?*

De tv-film *Sybil* uit 1976 was gebaseerd op het gelijknamige boek van Flora Rheta Schreiber. Beide verslagen waren gebaseerd op een bestaande patiënt en psychiater, maar onlangs is er nogal wat controverse ontstaan over de vraag of de echte Sybil werkelijk meerdere persoonlijkheden had. Andere films, zoals *The Three Faces of Eve*, *Psycho* en *Me, Myself & Irene*, handelen ook over meervoudige persoonlijkheden. Toen deze aandoening eenmaal populair was geworden in de film, nam het aantal gediagnosticeerde gevallen dramatisch toe.

De term meervoudige persoonlijkheidsstoornis wordt niet meer gebruikt voor deze aandoening. Het wordt nu dissociatieve-identiteitsstoornis (DIS) genoemd. DIS is een stoornis waarbij twee of meer verschillende persoonlijkheden of identiteiten afwisselend bezit nemen van iemands denken. Deze aandoening is het gevolg van vele factoren, meestal van zware emotionele stress.

Kun je je letterlijk dood schrikken?

Je kunt iemand de stuipen op het lijf jagen of iemand kan zich een ongeluk schrikken, rot schrikken of het leplazarus schrikken. Maar is het echt mogelijk om je dood te schrikken?

Er bestaat belangrijk wetenschappelijk bewijs dat psychologische en emotionele stress de kans op een hartaanval kunnen vergroten. Het is dan ook heel aannemelijk dat de stress die gepaard gaat met schrik kan leiden tot een plotselinge dood.

In *The Hound of the Baskervilles*, een beroemd Sherlock Holmes-verhaal dat meerdere malen is verfilmd, sterft sir Charles Baskerville aan een hartaanval nadat hij van een woeste hond is geschrokken. In een artikel in het *British Medical Journal* in 2001 getiteld '*The Hound of the Baskervilles* Effect: A Natural Experiment on the Influence of Psychological Stress on the Timing of Death' wordt onderzocht of dit fenomeen werkelijk bestaat. De onderzoekers wilden aantonen dat mensen meer risico lopen te overlijden aan een hartaanval als ze extreme emotionele stress ondervinden, dus gingen ze uit van het sterftecijfer van de vierde van de maand. In de Chinese en Japanse cultuur wordt het getal vier geassocieerd met de dood, en wordt dit gevreesd en gemeden. Dit geldt niet voor andere culturen.

Toen het sterftecijfer van Japanse en Chinese Amerikanen op de vierde van de maand werd vergeleken met dat van blanke Amerikanen, ontdekten de onderzoekers dat het sterftecijfer op die dag omhoogschoot bij Japanners en Chinezen, maar niet bij andere groepen. Het lijkt er dus op dat je je dood kunt schrikken, in elk geval wel van het getal vier.

Kun je jezelf dood drinken, zoals Nicolas Cage in *Leaving Las Vegas?*

Ook als je niet stikt in je eigen braaksel is alcohol heel gevaarlijk. De consumptie van zelfs kleine hoeveelheden van bepaalde soorten alcohol, zoals methanol of ontsmettingsalcohol, kan dodelijk zijn.

Bij ethanol, de alcohol in bijvoorbeeld wodka en wijn, kan te veel je zeker naar de hemelpoort leiden. Mensen vragen zich vaak af bij hoeveel alcohol je leven in gevaar komt. In de geneeskunde gebruiken we de term LD_{50} (*Lethal dose for 50% of subjects*) om de dosering of hoeveelheid alcohol te omschrijven die bij de helft van de bevolking tot de dood leidt. De LD_{50} voor alcohol staat gelijk aan een bloed-alcoholconcentratie van 4 tot 5 promille.

Dat is ongeveer vier tot vijf keer de hoeveelheid die nodig is om officieel dronken van te worden.

Om je een idee te geven hoeveel drank dat is: iemand van vijftig kilo zou binnen een uur tien drankjes moeten drinken om zijn of haar leven in gevaar te brengen. Doorgaans beschermt ons lichaam ons tegen een alcoholgerelateerde dood door te braken of bewusteloos te raken. Het wordt gevaarlijk als je moet overgeven op het moment dat je buiten westen raakt. Als je naar het ziekenhuis wordt gebracht zullen we je ademhaling bewaken en wachten tot de alcohol uit je systeem is verdwenen. De maag leegpompen bij alcoholgebruik is een fabeltje, omdat je dat zelf al doet door over te geven. Trouwens, als het een avond rustig is op de spoedeisende hulp sluit het personeel weddenschappen af over wie je alcoholpromillage kan raden, gewoon voor de lol...

Bestaat hysterische blindheid echt?

In een aflevering van *King of the Hill* betrapt Hank per ongeluk zijn moeder in bed met haar nieuwe vriend en kan hij plotseling niets meer zien. In de film *Hollywood Ending* heeft het personage van Woody Allen hetzelfde probleem omdat hij zo zenuwachtig is voor de film die hij moet regisseren. Komt zo'n plotselinge blindheid in werkelijkheid ook voor?

Het antwoord is: absoluut. En het is niet ongebruikelijk om die patiënten binnen te krijgen op de spoedeisende hulp. Hysterische blindheid kan optreden als gevolg van psychologische stress (een conversieaandoening) of iemand kan met bijbedoelingen blindheid voorwenden (simuleren of malingeren); een gevangene die zegt dat hij niet kan zien om niet rechtstreeks naar de gevangenis te hoeven. Het is niet moeilijk te achterhalen of patiënten zeggen dat ze blind zijn maar in werkelijkheid kunnen zien. We hebben een eenvoudige test waarmee we kunnen vaststellen of de ogen functioneren. Met een gestreepte ronddraaiende bus testen we op iets wat *optokinetische nystagmus* heet. Als het rad draait zul je normale ogen heen en weer zien bewegen.

Als er geen gestreept rad voorhanden is kun je altijd een foto gebruiken van het achterwerk van J.Lo. Beweeg die heen en weer, dan zullen normale ogen hem volgen.

LEYNER: En...

GOLDBERG: Heb je net die vraag over blindheid opgestuurd.

LEYNER: Oké... heb de mail net ontvangen... ik zit het nu te lezen... hold on (aan iets van eigen keuze).

GOLDBERG: Just hold on to what you've got. You've got a lot girl, you've got a lot. Got a lo-ovely feelin'. Hang on, hang on to what you've got. Misschien heb ik een paar 'hang ons' vergeten in dit muzikale intermezzo. Zingen lukt niet echt bij chatten.

LEYNER: Volgens mij moeten we precies uitleggen hoe die test werkt, en dan misschien een grap maken over iets visueels waar je gewoon wel op móet reageren, zoals de kont van een of ander sterretje, en dan... misschien een grap over waar je hysterisch doof van kunt worden.

GOLDBERG: Heel goed. Doe ik. Laten we kijken naar de intro's.

LEYNER: Goed... ik zal de intro nog eens lezen...

Wat zou er echt gebeuren als er tijdens een operatie een pepermuntje in iemand viel, zoals in de beruchte *Seinfeld*-aflevering?

We weten niet precies wat we zonder wetenschappelijke toetsing op deze vraag moeten antwoorden, en er is waarschijnlijk geen enkel ziekenhuis waar je mag onderzoeken wat de gevolgen zijn als je tijdens een operatie een snoepje in een patiënt laat zitten. Dat wil niet zeggen dat chirurgen niet af en toe iets achterlaten. Operatietampons en -instrumenten worden het vaakst vergeten, en geloof maar dat dat gebeurt.

In de *Seinfeld*-aflevering herstelt de patiënt wonderbaarlijk en de suggestie wordt gewekt dat het pepermuntje infectie heeft voorkomen. Hoewel er berichten bestaan over het gebruik van kristalsuiker en honing op wonden is het waarschijnlijker dat een pepermuntje in je lijf juist voor een infectie zorgt. Dus vraag je chirurg altijd of hij de ok uitgaat als hij of zij zin heeft in iets lekkers.

Is het gevaarlijk om een mens op te eten?

Een van Mark Leyners favoriete verhalen van de laatste tijd is dat over Armin Meiwes, de Duitse computertechneut die werd veroordeeld omdat hij iemand voor seksueel genot had vermoord en in de maanden daarna had opgegeten. Meiwes had op internet een advertentie geplaatst voor 'goedgebouwde jongemannen van achttien tot twintig jaar om te slachten'.

In gesprekken met gerechtelijke psychiaters zei Meiwes dat zijn kannibalismefantasieën begonnen toen hij als kind naar horrorfilms keek. Voor filmfanaten die een lijstje willen hebben, in al deze films komt kannibalisme voor: *Alive*; *Eating Raoul*; *The Silence of the Lambs*; *Hannibal*; *The Cook, the Thief, His Wife, and Her Lover* en *Night of the Living Dead*.

Maar goed, is het gevaarlijk om een mens op te eten? Helaas moet ik melden dat dat best meevalt. Menselijk vlees bevat veel voedingswaarde en houdt je in leven als je vliegtuig neerstort en je niets anders hebt dan je (wat onfortuinlijker) medepassagiers. Tenzij je de hersenen opeet.

Van het eten van mensenhersenen kun je de zeldzame ziekte kuru oplopen, waar bijna 10 procent van de Fore aan is overleden, een kannibalenstam op Nieuw-Guinea. De Fore eerden hun doden door hen op te eten. De hersenen waren speciaal voor vrouwelijke familieleden en kinderen. Aan deze neurodegeneratieve ziekte zijn hele dorpen bezweken.

De symptomen van kuru zijn een vorm van spierzwakte en moeite met lopen. Daarna kregen de Fore moeite met praten en konden niet meer staan, zitten of zelfs hun hoofd omhooghouden. Uiteindelijk stierven ze de hongerdood of aan een secundaire infectie. Onderzoekers waren erg geïnteresseerd in deze ziekte omdat die veel overeenkomsten heeft met de gekkekoeienziekte.

12.40

GOLDBERG: De tijd gaat echt heel snel als je zo lekker zit te chatten.

LEYNER: Was dat sarcastisch bedoeld?

GOLDBERG: Nee.

GOLDBERG: Hoe was dat lamsvlees dat je schoonmoeder gisteravond heeft gemaakt?

LEYNER: Dat geitenvlees zul je bedoelen.

LEYNER: Heerlijk.

LEYNER: Ik ben dol op geitenvlees, op alles van de geit.

GOLDBERG: Ik heb gisteravond een waanzinnige runderhaas gemaakt.

LEYNER: Vlees, kaas, melk, noem maar op.

LEYNER: Hoe had je die klaargemaakt?

GOLDBERG: In rodewijnsaus, mals en verrukkelijk.

GOLDBERG: Heb ik je al verteld dat ik jouw favoriete verhaal over de Duitse kannibaal in het boek heb gestopt?

LEYNER: Klinkt fantastisch.

12.45

LEYNER: Ik heb het gelezen, het is essentieel en onmisbaar voor dit boek.

GOLDBERG: Wat een krankzinnig verhaal.

LEYNER: Het komt veel vaker voor dan je denkt. Families houden kannibalisme vaak geheim... Ik had een oom...

GOLDBERG: Ik ga nooit naar een Thanksgiving-etentje van jouw familie.

LEYNER: Geeft niks.

LEYNER: Ik was satyriasis aan het opzoeken.

LEYNER: Over geiten gesproken.

GOLDBERG: Wat is satyriasis?

LEYNER: Dat komt van het woord 'satyr', deels mens, deels geit (fantastisch, zo'n dionysische braspartij).

LEYNER: Satyriasis: overmatige seksuele drang bij mannen.

12.50

GOLDBERG: Op internet staat dat het wordt veroorzaakt door extreem narcisme.

LEYNER: Echt? Dan denk ik dat ik in de risicogroep zit.

LEYNER: Ik kan de godganse dag naar één ader op mijn linkerbiceps zitten kijken.

GOLDBERG: Er zijn behandelmethodes voor, medicatie of... Castratie is vast geen optie.

LEYNER: Ik ga geen paardenzetpil gebruiken, hoor.

GOLDBERG: Heel strak ondergoed misschien?

Hoeveel schoten kun je overleven?

Aan het eind van *Scarface* wordt Tony Montana doorzeefd met kogels, maar hij blijft maar doorgaan met schelden. In het ziekenhuis denken we dat een onschuldig iemand om het leven komt bij één schot, maar dat de gemeenste, schuldigste schurk meerdere schoten kan overleven en dan gewoon opstaat, de artsen uitkaffert en naar buiten loopt.

In werkelijkheid hangt het er gewoon van af waar je wordt geraakt.

Bestaat er zoiets als een weerwolf?

Het gebeurde in *An American Werewolf in London*, en wie kan nou Michael J. Fox als *Teen Wolf* vergeten? *Lyncantropie* verwijst naar het waanidee dat je een wolf bent. Dit kan zeker het geval zijn bij een psychische aandoening, maar in sommige gevallen is het misschien helemaal geen waanidee. De weerwolflegende kan zijn voortgekomen uit twee medische aandoeningen.

Porfyrie is een zeldzame erfelijke bloedziekte. Er zijn twee soorten porfyrie. In de ene, *cutane porfyrie*, kunnen de symptomen lijken op de eigenschappen van een weerwolf. Deze patiënten worden extreem gevoelig voor zonlicht, krijgen grote hoeveelheden haar en ontwikkelen zweren, littekens en een pigmentloze huid. Porfyrie leidt ook tot het straktrekken van de huid rondom de lippen en van het tandvlees, waardoor de hoektanden gaan opvallen (net als bij honden en wolven).

Een andere ziekte die wellicht heeft bijgedragen aan de weerwolfmythe is *congenitale hypertrichosis universalis*, soms wel het menselijk weerwolfsyndroom genoemd. Ook dit is een zeldzame genetische afwijking die wordt gekenmerkt door overmatige haargroei over het hele lichaam, inclusief het gezicht. Als je naar Oostenrijk gaat kun je in

Kasteel Ambras in de buurt van Innsbruck portretten zien van de eerste familie bij wie dit syndroom werd ontdekt.

Zoiets als een weerwolf bestaat dus niet echt, maar er is een medische verklaring voor hoe de verhalen mogelijk in de wereld zijn gekomen. Sorry, we hebben geen medische verklaring voor Dracula, Frankenstein of de Verschrikkelijke Sneeuwman, maar we zullen op onderzoek uitgaan en het opnemen in ons volgende boek: *Waarom zijn vrouwen slimmer?*

Kun je echt ontploffen als je te veel hebt gegeten?

In Monty Pythons *The Meaning of Life* eet een man wanstaltig veel, maar een flinterdunne After Eight doet hem de das om. Hij ontploft door het hele restaurant. Met de groeiende vetzucht hebben we heel wat om ons druk over te maken, maar verwacht niet dat je bij McDonald's mensen ziet ontploffen. Mensen ontploffen niet van te veel eten, maar als je te veel Big Macs eet, kan wel je maag scheuren.

Een maagruptuur, of *gastrorrhexis*, is een zeldzaam verschijnsel, al wordt ervan gezegd dat het een gevolg is van te veel eten. In een nummer van *Legal Medicine* uit 2003 berichtten de Japanse wetenschappers Ishikawa et al. over een 49-jarige man die dood werd aangetroffen in een openbaar toilet nadat zijn maag door te veel eten was ontploft. Er wordt niet vermeld wat zijn laatste avondmaal was.

Hebben mensen echt vergroeide handen en voeten zoals de Man van Atlantis?

Kan iemand zich de *Man from Atlantis* nog herinneren? Patrick Duffy (Bobby Ewing uit *Dallas*) speelde de laatste man uit de legendarische onderwaterstad Atlantis. Hij had vergroeide vingers en tenen, en kieuwen in plaats van longen. Deze fantastische serie duurde maar één seizoen, maar intrigeerde een tv-verslaafde zo erg dat hij vroeg of er echt mensen met vergroeide vingers en tenen bestaan.

Het antwoord is: ja. Mensen kunnen inderdaad vergroeide vingers en tenen hebben. Het komt zelfs vaker voor dan je denkt: bij één op de duizend tot tweeduizend geboortes. Er zijn twee soorten vergroeiingen: bij *syndactylie* zijn er twee vingers of tenen samengegroeid, bij *polydactilie* meer dan twee vingers of tenen. We beginnen ons leven allemaal met handen en voeten die lijken op eendenpoten, en in de zesde tot achtste week van de ontwikkeling raken onze vingers en tenen van elkaar gescheiden. Als dit niet gebeurt, zie je eruit als de Man van Atlantis.

Waarom zie je sterretjes als je een klap op je hoofd krijgt?

Het overkwam Wile E. Coyote altijd. De Road Runner laat een aambeeld op zijn kop vallen en dan ziet de arme prairiewolf sterretjes om zijn hoofd cirkelen. Dit gebeurt niet alleen in tekenfilms, maar het duidt op een hersenschudding. Je hebt een hersenschudding als een blessure aan het hoofd ervoor zorgt dat je hersenen in de schedel bewegen.

Wat die sterretjes betreft, wat er waarschijnlijk gebeurt is dat het deel van de hersenen waar visuele informatie wordt verwerkt, de *occipitale lob*, tegen de schedelwand aan wordt gesmakt.

Wat was er aan de hand met de jongen in *The Boy in the Plastic Bubble?*

In 1976, een jaar voordat John Travolta de sterren van de hemel danste in *Saturday Night Fever*, speelde hij in *The Boy in the Plastic Bubble*. Deze film was gebaseerd op het waargebeurde verhaal van een jongen die leed aan een zeldzame erfelijke ziekte genaamd *severe combined immunode-ficiency disease* (afgekort tot scid – ernstig gecombineerd immuuntekort). scid wordt tegenwoordig vaak de 'bubble boy'-ziekte genoemd, met dank aan deze cinematografische krachttoer.

scid is een levensbedreigende ziekte waarbij er een te-kort is aan witte bloedlichaampjes, die ons beschermen tegen infecties. Dit gebrek aan een goed functionerend im-muunsysteem leidt regelmatig tot ernstige infecties. Meest-al wordt de diagnose bij patiënten gesteld voor ze drie maanden oud zijn, en als het niet wordt behandeld kan de ziekte fataal worden. Nieuwe behandelmethodes als stam-cel- of beenmergtransplantatie kunnen veel patiënten red-den. Tegenwoordig ziet ook gentherapie er veelbelovend uit als behandelmethode voor een bepaalde vorm van deze ziekte.

Er wordt gezegd dat paparazzi John Travolta na enkele van zijn recentere films hebben gefotografeerd toen hij pro-beerde terug te kruipen in de bubbel. Goed idee.

Bakerpraatjes

Inmiddels is het vier uur 's nachts en iedereen is dronken, doorgezakt en uitgeput. Leyner zit bij te komen van zijn Oscarwinnende voorstelling, met zijn tong in de fles tequila om de allerlaatste druppels eruit te krijgen. Hij neemt de fles van zijn mond en zegt: 'De tong is de gave Gods aan het menselijk ras... het ultieme orgaan van de dichtkunst en genotverschaffing.'

Hij gaat verder: 'De lingua, gezegend instrument van de vertelkunst die me in staat stelt de traditie van de orale volkswijsheden voort te zetten.'

Jeremy, die nog steeds baalt dat hij met hints heeft verloren, reageert dit af op Leyner en zegt: 'Die verhalen van jou hangen me zo de keel uit dat mijn tong me laat weten dat je m'n reet mag likken.'

Hoewel het voor de meesten laat is, is er niets wat Leyner zo prikkelt als verbale provocatie. Blijmoedig antwoordt hij. 'Ach, Jeremy, in de Middeleeuwen zou je van acne genezen als je de kont likte van de zus van een gek. Heb je gezien hoe gaaf mijn huid er de laatste tijd uitziet? Bedank je zus van me.'

Jeremy stort zich op Leyner en ze rollen grommend en stompend over de vloer, als een stel knokkende pubers. Ze naderen de zitkamer, maar Leyner, die zich op het oog in een verstikkende houdgreep bevindt, weet zijn grote historische overzicht van bakerpraatjes toch nog voort te zetten. 'De Visigoten dachten dat ze sterk werden voor de strijd als ze jeneverbessen aten.'

Jeremy probeert Leyner met een kaakslag het zwijgen op te leggen, maar met hese stem gaat Leyner verder: 'Ze werden er alleen maar heel winderig van.'

Broodjes aap en bakerpraatjes kunnen behoorlijk wat twijfel zaaien. Mensen willen heel graag duidelijkheid over sommige van deze fabeltjes. U vraagt, wij draaien.

Is het waar dat je na het eten een halfuur moet wachten voor je mag zwemmen?

Als kind duurde niets langer dan de tijd na het eten die je moest wachten tot je weer in het water mocht. Dat helse halfuur is niet gestoeld op wetenschap, maar eerder op de gemoedsrust van bange ouders. Er is geen enkel medisch bewijs dat je dertig minuten moet wachten voor je het zwembad weer in mag. De spijsvertering begint zodra je eten in je mond stopt, maar als het eenmaal in je maag zit duurt het nog vier uur voor het daar helemaal is verteerd. Dan gaat het voedsel naar de dunne darm, waar het weer twee uur blijft hangen, en dan nog eens veertien uur in de dikke darm. Deze tijden variëren flink, afhankelijk van wat je eet, dus je kunt er de klok niet echt op gelijkzetten.

Dat betekent nog niet dat het veilig is om twaalf hamburgers te eten en dan te proberen het Kanaal over te zwemmen. Gebruik je verstand en luister goed naar je lichaam. Als je tijdens het zwemmen pijn of kramp hebt of heel moe bent, ga er dan uit en kots in godsnaam niet in het zwembad.

Word je blind als je naar een eclips kijkt?

Dingen waar je beter niet naar kunt kijken:

- het decolleté van een vrouw
- een grote moedervlek op een gezicht
- een stel dat openlijk zit te vozen
- de zon

Het antwoord op deze vraag is dat je waarschijnlijk niet blind zult worden, maar het kan wel schadelijk zijn om naar een eclips te kijken.

Tijdens de zonsverduistering van 11 augustus 1999 liepen veel mensen kans op een *zonneretinopathie*. Zonneretinopathie is een duur woord voor schade aan het netvlies achter in het oog doordat de straling van de zon door de lens wordt versterkt voordat hij op het netvlies valt. Die straling zorgt voor verbranding. In de medische literatuur zijn studies over zonneretinopathie gepubliceerd, en gek genoeg is de schade die het veroorzaakt niet zo ernstig als eerder werd aangenomen. Een Britse groep wetenschappers onderzocht veertig mensen die oogproblemen kregen na de zonsverduistering van 11 augustus 1999. Ze ontdekten dat slechts de helft last had van ongemakken bij het kijken. Slechts 20 procent van de groep van veertig personen klaagde zeven maanden na de eclips nog over lichte schade. Dat waren mensen die direct naar de zonsverduistering hadden gekeken. Het is niet bekend of dezelfde patiënten naar een decolleté, moedervlekken of verliefde stelletjes keken.

Moet je bij een verkoudheid veel eten en bij koorts weinig?

Of is het juist omgekeerd? Of moet je gewoon op de bank kruipen, als een klein kind gaan jengelen en je moeder bellen?

Hoe dan ook, het antwoord is nee, maar misschien heeft dit bakerpraatje een wetenschappelijke achtergrond.

In een artikel in *Clinical and Diagnostic Laboratory Immunology* staat dat Nederlandse celbiologen hebben ontdekt dat vasten en eten het immuunsysteem op verschillende manieren beïnvloedt. Wetenschappers onderzochten gezonde vrijwilligers en maten bepaalde chemische transmitters in hun bloed. Na een maaltijd nam het gemiddelde peil van de chemische stof die het afweermechanisme van het lichaam tegen infecties versterkt met 450 procent toe. Als dat zo is moet je zowel bij koorts als bij verkoudheid veel eten, toch?

Wacht even.

Andere vrijwilligers die hadden gevast, hadden hoge concentraties van een andere chemische stof in hun bloed, die ook in verband wordt gebracht met de productie van antilichamen. Het antwoord is dus verwarrend, omdat het ernaar uitziet dat het immuunsysteem bij koorts en verkoudheid baat heeft bij zowel eten als vasten.

Net als in veel andere gebieden van de wetenschap is er geen eenduidig antwoord op deze vraag. Als je verkouden bent of koorts hebt, zeggen wij: je lichaam heeft vocht, rust en voeding nodig. Als je geen trek hebt, probeer dan genoeg te drinken en eet al het gezonde voedsel waar je wel trek in hebt, en als je het niet zeker weet, bel dan je moeder en jengel als een kind.

Word je verkouden van koud of nat weer?

Een vriendin belde eens om te vragen of ze verkouden kon zijn geworden doordat ze een geit had aangeraakt op een kinderboerderij. Dat is een ongebruikelijke vraag, maar wat mensen wel vaak willen weten is of ze verkouden kunnen worden van de volgende dingen:

– slapen bij een open raam
– kouvatten
– bij een ventilator slapen
– helemaal natregenen
– in de regen bij een ventilator slapen met een natte geit

Het antwoord is nee. Koud of vochtig weer veroorzaakt geen verkoudheid, maar dat is iets wat niemand wil geloven.

Een gewone verkoudheid wordt veroorzaakt door een virus. Deze virussen zitten overal en het is moeilijk ze te vermijden. Als je in de buurt komt van iemand die verkouden is, loop je meer kans om zelf ziek te worden, dus pas op bij direct contact en was zeker je handen. Onvoldoende slaap of ongezond eten kan ook je weerstand tegen besmetting verlagen. Onthoud dat antibiotica niet helpen bij een alledaags koutje. Antibiotica werken alleen bij bacteriën.

Als je bij een verkoudheid goed voor jezelf wilt zorgen, neem dan rust, eet goed en wat kippensoep kan geen kwaad...

Kan lippenbalsem verslavend zijn?

Als je tegenwoordig op internet kijkt, zie je dat sommige mensen veel te veel tijd hebben. Complotzoekers lijken het vooral te hebben voorzien op commerciële producten. Op websites wordt beweerd dat de fabrikanten van lippenbalsem verslavende middelen in hun producten stoppen, en lippenbalsembedrijven gebruiken internet om deze beweringen te weerleggen.

Lippenbalsem gebruiken kan een gewoonte worden, maar ze zijn absoluut niet verslavend. Carmex, die ervan wordt beschuldigd zuren en vermalen glasvezel te bevatten, bevat salicylzuur, een bestanddeel van aspirine. Het salicylzuur werkt als pijnstiller en als droogmiddel, maar is niet verslavend. In Chap Stick zit witte vaseline, lanoline (wolvet) en padimate O (zonnebrandmiddel). Die zijn evenmin verslavend.

Is het waar dat linkshandige mensen slimmer zijn dan rechtshandige?

Om te beginnen moeten we zeggen dat we allebei rechtshandig zijn. Ten tweede is Billy's vrouw linkshandig. Marks vrouw is tweehandig en heeft allebei haar handen nodig om hem in bedwang te houden.

De medische literatuur staat bol van de onderzoeken

naar het effect van rechts- en linkshandigheid op mond-hygiëne, depressie, immuunsystemen, schizofrenie, *enuresis* (bedplassen), lange levensduur, taal, astma, allergieën en verwondingen.

De lijst is nog veel langer, maar geen enkel bewijs is eenduidig.

Over het algemeen krijgt de rechter hersenhelft prikkels van de linkerzijde van ons lichaam; de rechterhelft bepaalt de functies aan de linkerkant en andersom. Daarom wordt van rechtshandigen meestal gezegd dat hun linker hersenhelft dominant is en bij linkshandigen de rechter hersenhelft. Van elke hersenhelft is bekend dat het bepaalde vermogens heeft. De rechter hersenhelft is verantwoordelijk voor visueel en ruimtelijk inzicht en de linker hersenhelft bepaalt de taal en de spraak. Ook dat gaat niet altijd op. Neuropsychologen hebben geprobeerd intelligentieverschillen tussen rechts- en linkshandigen aan te tonen, echter zonder overtuigend resultaat.

Mannen hebben tweeënhalf keer zoveel kans linkshandig te zijn als vrouwen. Daar is geen wetenschappelijk bewijs voor, maar Mark houdt er een evolutionaire theorie op na. Mannen hebben hun linkerhand ontwikkeld om met beide handen te kunnen masturberen.

Krijg je een stijve nek als je bij een ventilator of open raam slaapt?

Tenzij je slaapt voor een industriële ventilator waarvan je hoofd gaat wiebelen als een marionet zijn er geen problemen. Dit bakerpraatje heeft geen wetenschappelijke basis.

Krijg je kanker van de magnetron?

Vanochtend heb ik de melk voor mijn koffie in de magnetron gestopt, en een paar uur later heb ik wat lasagne opgewarmd voor de lunch. Als alles wat je op internet leest waar is, dan heb ik nog maar zo'n twaalf uur te leven.

Er zijn echter geen onderzoeken die aantonen dat het gebruik van moderne magnetrons schadelijk is. Een groot deel van de angst voor kankerverwekkende eigenschappen van de magnetron heeft te maken met straling. In feite is alles wat beweegt straling, inclusief zichtbaar licht, ultravioletstralen, röntgenfoto's en magnetrons. Ioniserende straling, zoals bij röntgenfoto's, heeft voldoende geconcentreerde energie om chemische schade toe te brengen aan de moleculen die ze tegenkomen. Niet-ioniserende straling, zoals magnetrons, brengen moleculen geen schade toe.

Eén mogelijk gevaar van magnetrons is dat opgewarmde producten kunnen ontploffen, zelfs nadat ze uit de magnetron zijn gehaald. Vooral exploderende eieren zijn gevaarlijk. Er zijn veel ongelukken bekend en een aantal Britse artsen heeft zelfs aangedrongen op waarschuwingsetiketten.

Krijg je een hersentumor als je een mobiele telefoon gebruikt?

Draadloze telefoons (waaronder mobiele telefoons) maken gebruik van radiofrequentie-energie, ook wel bekend als radiogolven. Men gaat ervan uit dat draadloze telefoons geen kwaad kunnen, maar onderzoek op dit gebied is nogal recent, dus de echt negatieve effecten van het gebruik van mobiele telefoons zijn voorlopig nog niet bekend.

Gaat de detector op het vliegveld af als je een metalen plaatje in je hoofd hebt?

Bij deze vraag moet ik denken aan de scène uit *High Anxiety* waarin Mel Brooks, die dr. Richard Thorndyke speelt, met een geweer door de luchthavenbeveiliging gaat.

Als de metaaldetector afgaat, barst hij los: 'Is dit soms een spelshow? Wat heb ik gewonnen, een Ford Pinto? Ik ga af! Haal me hier weg! Breng me terug naar Rusland! Ik ben afgegaan! De gestoorde pieper is ontsnapt!'

Dit kan jou ook overkomen als je een titanium plaatje in je hoofd hebt of een pacemaker, plaatjes en schroeven vanwege een botbreuk of een kunstmatig implantaat. De omvang van het implantaat en de gevoeligheid van het apparaat bepalen of je verandert in een gestoorde pieper. Maar wees niet bang, de metaaldetector zal je geen kwaad doen.

Is het gevaarlijk om een nies in te houden?

Volgens het bakerpraatje kan je hoofd ontploffen als je een nies inhoudt. Dat zal niet gebeuren, maar toch kun je er schade mee aanrichten.

Een nies is een heel ingewikkeld iets waar veel gebieden van de hersenen bij betrokken zijn. Een nies is een reflex die in gang wordt gezet door prikkeling van de slijmvliezen in de neus, wat resulteert in een gecoördineerde, krachtige uitstoot van lucht door de neus en mond. In het *Guinness Book of World Records* staat dat de langste niesbui die ooit is vastgelegd een scholiere uit Groot-Brittannië overkwam. Ze begon te niezen op 13 januari 1981 en ging daar 978 dagen mee door.

De lucht die tijdens het niezen wordt uitgestoten kan een snelheid bereiken van 160 kilometer per uur, en een ongehinderde nies kan twee- tot vijfduizend druppeltjes vol bacteriën in de lucht verspreiden. Als je een nies inhoudt loop je kans op fracturen in het neuskraakbeen, een bloedneus en gebarsten trommelvliezen; je kunt je gehoor verliezen, duizelig worden, je netvliezen kunnen losraken of je kunt gezichtsemfyseem krijgen, een tijdelijke zwelling. Daarom is het het beste om je nies vrij baan te geven, maar houd alsjeblieft wel je hand voor je neus en mond.

Een paar jaar geleden kwam ik bij de ingang naar Central Park op Columbus Circle op straat iemand tegen die een epileptische aanval kreeg. Terwijl ik de patiënt probeerde te helpen graaide een omstander in de nabijgelegen afvalbak en stond erop dat ik de smerige lepel die hij daar had gevonden in de mond van de patiënt stak, zodat deze zijn tong niet zou inslikken. De man met de lepel was niet onder de indruk van mijn medische kennis en voegde 'beleefd' toe dat ik geen flauw idee had waar ik het over had.

Het is geen ongebruikelijk idee, maar het is onmogelijk om je tong in te slikken. De tong kan wel de opening van de luchtweg blokkeren, en een van de eerste dingen die je leert bij EHBO is dat als iemand moeite heeft met ademhalen, je zijn of haar hoofd schuin moet houden en de kin moet optillen. Dan vormt de tong geen obstakel meer. Als je toevallig iemand ziet die een epileptische aanval heeft, zorg dan dat hij veilig is en zichzelf geen pijn kan doen. Stop geen lepel vol bacteriën in zijn mond. Roep hulp in en voor je het weet houdt de epileptische aanval vanzelf op.

Ouder worden

Krankzinnig genoeg is het feest nog steeds aan de gang. Ik heb het gevoel dat deze avond me een paar jaar van mijn leven heeft gekost. Leyner en Jeremy zijn uit elkaar gehaald en er zijn nog maar een paar achterblijvers, die knabbelen aan de restjes van Eloises prachtige buffet.

Zelfs Leyner lijkt ingestort door een combinatie van toxische tequila, liefdesavontuurtjes en verbaal geweld. Hij leunt tegen het dressoir en terwijl hij getergd zijn nek uitrekt zegt hij: 'Vroeger kon ik nog drinken, vrouwen versieren en knokken, en er zo fris als een hoentje uit tevoorschijn komen. Nu voel ik me zo slap en verschrompeld als een rottende klodder zeewier.'

Leyner gaat rechtop staan en strekt moeizaam zijn rug. 'Heb ik al gezegd dat mijn prostaat een beetje dik aanvoelt?'

Daarop draai ik me om en vertrek.

Ouder worden heeft veel voordelen: aanbiedingen voor vroege vogels, seniorenkortingen, het feit dat mensen je niet meer vragen een bank de trap op te helpen sjouwen en werkelijk alles kunnen zeggen wat er in je opkomt. Maar er staat ons allemaal nog heel wat vervelends te wachten...

17.33

GOLDBERG: Maestro.

LEYNER: Ha... geef me vijf minuten (maximaal)... even wat halen... dan gaan we aan de slag.

GOLDBERG: Oké.

17.45

LEYNER: Ben je daar?

GOLDBERG: Ja meneer.

LEYNER: Wat moeten we doen?

17.50

GOLDBERG: Dit rotding in de hens steken en onszelf flink gaan bezatten.

LEYNER: Fantastisch idee.

GOLDBERG: Of we kunnen het hebben over de gezondheidswaarschuwing die ik net heb gekregen over de mycobacterium bovis bij kinderen die in de vs zijn geboren.

LEYNER: Wat is dat nou weer?

GOLDBERG: Jij zit zo vol medische weetjes dat ik had gehoopt dat jij dat aan mij kon vertellen.

GOLDBERG: Ik wacht.

LEYNER: Wat is het voor iets? Een of andere paddenstoel, een schimmel?

LEYNER: Een of andere schimmel van een koe.

GOLDBERG: Met die koe zit je warm.

GOLDBERG: Klinkt nogal pervers.

GOLDBERG: Geef je het op?

LEYNER: Ik geef het op.

GOLDBERG: Hetzelfde als tbc (mycobacterium tuberculosis).

17.55

LEYNER: Jemig... dat had ik moeten weten.

GOLDBERG: Infectie die je kunt krijgen van de melk van besmet vee.

GOLDBERG: Ongepasteuriseerde kaas en dat soort dingen.

LEYNER: Mensen zouden alleen maar koeienbloed moeten drinken... net als de Masai... dat zou het probleem van het mycobacterium en lactose-intolerantie oplossen.

GOLDBERG: Jij zou het ministerie van Volksgezondheid moeten leiden.

LEYNER: Dank je.

GOLDBERG: En Binnenlandse Veiligheid.

LEYNER: Binnenlandse Debieligheid.

GOLDBERG: Maar eerst moeten we dit boek afmaken.

Is het waar dat je smaakpapillen verliest als je ouder wordt?

Eindelijk heb je tijd en geld om te ontspannen, te reizen en lekker te eten. Maar helaas kun je al dat lekkers waarschijnlijk nauwelijks proeven.

Vanaf je 45ste beginnen smaakpapillen een groot deel van hun gevoeligheid te verliezen. Oudere mensen raken het vermogen om bitter of zout te proeven vaak helemaal kwijt. Je begint je leven met zo'n negenduizend smaakpapillen, en op hoge leeftijd is daar nog niet eens de helft van over.

Wil je nog meer slecht nieuws? Bij het ouder worden gaan ook je gehoor, gezichts-, reuk- en tastvermogen achteruit.

Waarom wordt je haar grijs?

Alle haren op ons hoofd bevatten pigmentcellen die melanine bevatten. Als we ouder worden sterven de pigmentcellen in onze haarzakjes langzaam af. De afname van melanine zorgt ervoor dat het haar een transparantere kleur krijgt, zoals grijs, zilver of wit.

Vroegtijdig grijs worden is erfelijk, maar wordt ook in verband gebracht met roken en vitaminegebrek. Het zeer vroegtijdig krijgen van grijs haar (van de geboorte tot de puberteit) kan duiden op medische aandoeningen, waaronder dyslexie.

Een interessantere vraag is waarom oude dames hun grijze haar proberen te verdoezelen met knalblauwe haarverf.

Waarom krimp je als je ouder wordt?

Sommige mensen hebben niet zo veel centimeters te verliezen. Qua lengte tenminste.

Helaas worden we allemaal een beetje korter als we ouder worden. Dat gebeurt in de loop van vele jaren, en uiteindelijk krimpen we allemaal een centimeter of twee, drie. Voor een deel is dit lengteverlies te wijten aan de zwaartekracht. Tijdens het ouder worden verlies je spieren en vet, en de zwaartekracht oefent vooral invloed uit op de wervels van je ruggengraat, zodat deze in elkaar kunnen worden gedrukt. Dat is de reden waarom al die oudjes achter het stuur ternauwernood boven het dashboard uitkomen.

Waarom krijgen oude dames een baardje?

Het makkelijke antwoord zou zijn: om op de kermis te kunnen gaan staan, maar zo simpel is het niet.

Tijdens de menopauze begint er een verandering op te

treden in de verhouding tussen androgeen, het mannelijke hormoon, en oestrogeen. Dat kan een lichte toename in gezichtsbeharing tot gevolg hebben. De hoeveelheid of dikte van het gezichtshaar is erfelijk en hoe dicht haarzakjes over de huid zijn verdeeld ligt al bij de geboorte vast. Sommige etnische groepen of nationaliteiten hebben meer kans op gezichtsbeharing dan andere.

Er zijn medische aandoeningen die overmatige gezichtsbeharing kunnen veroorzaken, dus is het altijd verstandig je huisarts te raadplegen, vooral als je als vrouw een vijfuursbaardje krijgt.

Blijven je oren doorgroeien als de rest van je lichaam daarmee ophoudt?

Misschien een vraag die prins Charles bezighoudt.

Bij het ouder worden treden er beslist veranderingen op in het gezicht. Eerst worden de gezichtsspieren wat slapper, zodat je er verlept uit gaat zien. Dan krijg je de gevreesde onderkin. De neus kan ook wat langer worden, en de huid op je gezicht wordt dun, droog en rimpelig. Dan worden de wenkbrauwen dikker en langer en krijg je grijze haren. En dan hebben we het nog niet eens over hangende oogleden, wijkend tandvlees, tandverlies en vooral grotere oren. Ja, je oren blijven doorgroeien tijdens het ouder worden, maar niet veel. Dat komt waarschijnlijk door het groeien van kraakbeen.

Wat een geweldige vooruitzichten als we onze gouden jaren ingaan.

Waarom heb je minder slaap nodig als je ouder wordt?

Eigenlijk heb je helemaal niet minder slaap nodig als je ouder wordt.

De behoefte aan slaap van ons lichaam blijft ons hele

leven door constant. Na je 65ste neemt de gemiddelde slaapduur echter iets toe. Dat klinkt geweldig, maar dat is het niet. Het probleem is dat je meer moeite hebt om in slaap te vallen naarmate je ouder wordt. Bij oudere mensen wordt de slaap ook vaak onderbroken door dingen als kramp in het been, slaapapneu en medische of psychische ziekten.

De normale slaap bestaat uit twee belangrijke fasen: de remslaap (*rapid eye movement*) en de NREM-slaap (nonremslaap). NREM wordt verder onderverdeeld in vier slaapstadia. Een gezonde nachtrust bestaat gemiddeld uit 20 procent rem en 80 procent NREM. Als je ouder wordt, verandert die verhouding.

Waar komt dat oorhaar toch vandaan?

Je verliest haar op de plekken waar je het nodig hebt, en krijgt het terug waar je het niet hebben wilt. Borstelige wenkbrauwen, bossen neushaar en harige oren maken het zeker niet spannend om ouder te worden, of wel?

Soms is overmatige haargroei op de oren genetisch bepaald en hangt het samen met het Y-chromosoom, het geslachtschromosoom dat alleen bij mannen te vinden is. Dat verklaart waarom je niet veel vrouwen met harige oren ziet, behalve in *The Lord of the Rings*-films.

Wat zou deze overtollige haargroei zijn zonder wedstrijd? In 2002 werd het record voor het langste oorhaar weer gebroken. Een zeventigjarige man uit de Indiase staat Tamil Nadu, Anthony Victor, brak het record met oorhaar van 11,5 centimeter lang.

Blijven je nagels en haar na je dood doorgroeien?

Mensenharen en -nagels groeien na het overlijden niet door. Wat er werkelijk gebeurt is dat als je doodgaat, je lichaam begint uit te drogen. Daardoor lijkt het alsof je haar en nagels nog doorgroeien, terwijl de rest steeds verder verschrompelt.

Wat zijn ouderdomsvlekken?

Ouderdomsvlekken worden ook wel pigmentvlekken of *lentigo* genoemd. Het zijn gladde, bruine verkleuringen van de huid, meestal op de rug van de hand, de nek en het gezicht bij mensen boven de veertig.

Ouderdomsvlekken worden veroorzaakt door een verhoogd aantal pigment producerende cellen in de huid. Als onze huid met het klimmen der jaren dunner wordt, wordt hij ook doorschijnender zodat deze vlekken duidelijker te zien zijn. Ouderdomsvlekken ontstaan doordat de huid jarenlang is blootgesteld aan de zon en duiden op zonneschade. Ze kunnen geen kwaad en zijn geen teken van huidkanker.

Wordt je levensduur uitsluitend bepaald door je genen?

De unieke manier waarop we allemaal ouder worden is een complexe interactie van genetische en omgevingsfactoren. Veel onderzoeken proberen aan te tonen in hoeverre onze leeftijd wordt bepaald door onze genen. Wetenschappers weten al jaren dat wie het langst leeft vaak kinderen heeft die ook oud worden. De levensduur van geadopteerde kinderen lijkt nauwer samen te hangen met die van hun biologische ouders dan die van hun adoptieouders. Volgens één onderzoek onder tweelingen die afzonderlijk van elkaar zijn opgegroeid lag hun leeftijdsverwachting voor 30 procent aan erfelijkheid, maar anderen zijn van mening dat dat nog minder is. Recent onderzoek lijkt aan te tonen dat het verouderingsproces en de levensduur mogelijk worden bepaald door het x-chromosoom van je moeder. Eeuwig gezeur van je moeder kan een gunstig genenplaatje echter tenietdoen.

LEYNER: Gisteravond sprak ik mijn grootmoeder... alleen dacht ze dat ik haar zoon was, mijn oom.

LEYNER: Dus had ik een gesprek met haar als mijn oom.

GOLDBERG: Verraderlijk maar handig.

LEYNER: Het was makkelijker dan haar uit te leggen dat ze me voor een ander aanzag.

GOLDBERG: Hoe oud is ze nu?

LEYNER: 96.

LEYNER: Donderdag word ik 49.

GOLDBERG: Ik kan me jou niet voorstellen als 96-jarige.

LEYNER: Ik heb het gevoel dat ik aan de vooravond sta van iets enorms.

11.40

GOLDBERG: Wat, de publicatie van dit meesterwerk?

GOLDBERG: Heb je plannen voor dinsdag?

LEYNER: Ja! We moeten beginnen met toespraken schrijven voor als we de Nobelprijs in ontvangst gaan nemen. In heb net online vliegtickets geboekt voor Stockholm. Dit boek wordt voor ons wat Het Rode Boekje was voor Mao.

LEYNER: Dat is nog eens iemand die niet stilletjes uit is gedoofd... Mao is mijn voorbeeld voor cool ouder worden.

GOLDBERG: Dat is voor het eerst dat ik Mao en cool in dezelfde zin hoor.

LEYNER: Rookte vijf pakjes per dag... poetste nooit zijn tanden (spoelde gewoon met groene thee)... én rotzooide elke nacht met drie of vier snolletjes van de Rode Garde.

GOLDBERG: Nooit geweten dat hij zo'n rokkenjager was. Dan had hij vast graag feest gevierd met Kim Jong Il.

11.45

LEYNER: Mao vrat vast meer uit in een week dan Kim Jong Il in heel zijn leven.

GOLDBERG: Dat waren nog eens tijden.

LEYNER: Ons volgende boek moet *Het seksleven van Aziatische despoten* heten.

GOLDBERG: We hebben een pakkende titel nodig, zoals...

GOLDBERG: ...*Despoten en sekspoten*...

LEYNER: Die is best goed. Misschien moeten we dit boek wel *Despoten en sekspoten* noemen.

Leef je langer als je vitamine c slikt?

Dokter Linus Pauling, tweevoudig Nobelprijswinnaar, nam bijna veertig jaar lang hoge doses vitamine c en overleed op de respectabele leeftijd van drieënnegentig jaar. Hij was ervan overtuigd dat zijn leven met twintig jaar was verlengd vanwege zijn grote vitamine c-inname. Klinkt fantastisch, en Pauling is absoluut een goed argument, maar helaas is er geen overtuigend bewijs voor deze stelling.

Vitamine c en vitamine e, vaak 'antioxidantvitaminen' genoemd, zouden bij mensen celbeschadiging voorkomen, waardoor ook het risico op bepaalde chronische ziekten zoals hoge bloeddruk en astma, en het risico op een beroerte zou afnemen. In veel onderzoeken is geprobeerd dit aan te tonen, maar zonder duidelijk resultaat.

Vitamine c heeft weinig bijwerkingen, dus er is geen bezwaar tegen om vitamine c op te nemen in je dagelijkse rantsoen, al kan er bij hoge doses soms misselijkheid, hartkloppingen, gasvorming of diarree optreden. Het is verstandiger om een evenwichtig eetpatroon aan te houden met voldoende groente en fruit, en schadelijke zaken als roken te vermijden.

Bestaat er zoiets als een penopauze?

Het idee van een mannelijke menopauze en de noodzaak van hormoonbehandelingen zijn zeer omstreden onderwerpen. De vele namen die worden gebruikt om deze veranderingen in een ouder wordende man te omschrijven zijn penopauze, andropauze, viropauze, mannelijk climacterium, ADAM (*androgen decline in the aging male*)-syndroom, *aging male syndrome* (AMS) of laat beginnend *hypogonadisme* [onvoldoende functie van de geslachtsklieren]. Sommige echtgenotes noemen het liever een midlifecrisis. En al geven we het liever niet toe, misschien hebben ze wel gelijk.

De mannelijke overgang wordt toegeschreven aan een daling van het testosterongehalte. In tegenstelling tot de vrouwelijke menopauze wordt het proces bij mannen gekenmerkt door een trage start en een traag verloop. Bij mannen tussen de vijfentwintig en vijfenzeventig gaat het functioneren van de testikels steeds verder achteruit. In deze periode kan de hoeveelheid beschikbaar testosteron met bijna 50 procent afnemen. Dit is geen vaststaand cijfer en er is veel variatie tussen mannen onderling.

De symptomen van deze kwaal zijn lusteloosheid of vermoeidheid, depressie, meer prikkelbaarheid, stemmingswisselingen, afname van spierweefsel, verhoogd vetgehalte, verminderd libido en moeite met het krijgen en vasthouden van erecties. Tegenwoordig worden veel mannen behandeld met testosteron, en naar verluidt met resultaat. De keerzijde van deze behandeling is dat het de kans op prostaatkanker en atherosclerose kan verhogen.

Veel deskundigen zijn van mening dat deze aandoening eerder van niet-hormonale aard is en deel uitmaakt van het normale verouderingsproces. Factoren als drinken, drugs- en medicijngebruik, huwelijksproblemen, financiële problemen en stress in het algemeen kunnen allemaal een rol spelen. Lijkt verdacht veel op een midlifecrisis.

11.15

LEYNER: Ik moet mijn dochter even wat Benadryl geven, ik kom zo.

LEYNER: Ben zo terug.

GOLDBERG: Oké...

GOLDBERG: Zo, dus jij stopt je dochter vol medicijnen om te kunnen werken.

11.20

LEYNER: Hoe durf je zoiets te beweren, farmaceutisch vaderen!

GOLDBERG: Benadryl is beter dan Ritalin.

GOLDBERG: Wat, ben je te beledigd om te antwoorden?

LEYNER: Ik zit rekoefeningen te doen om me voor te bereiden op deze sessie...

GOLDBERG: Ik probeer mijn slome lijf op te peppen met een kop koffie...

GOLDBERG: Ongelofelijk dat ik van vier tot twaalf moet werken.

LEYNER: Hoe voel je je? Al wat beter?

11.25

GOLDBERG: Moe, heb niet zoveel geslapen.

GOLDBERG: Ik word oud, denk ik.

GOLDBERG: Penopauze.

LEYNER: Horen oude mensen niet beter te slapen, om alvast te oefenen voor als ze dood zijn?

GOLDBERG: Manopauze.

LEYNER: Volgens mij word ik vanaf mijn nek naar beneden toe jonger en steven ik daarboven rap af op vergrijzing.

GOLDBERG: Houd het alsjeblieft boven je middel – het is nog te vroeg voor iets anders.

LEYNER: Waarom voeren advocaten de penopauze nooit aan als verzachtende omstandigheid?

GOLDBERG: Hoe bedoel je, een verkeersongeluk veroorzaakt door een opvlieger?

11.30

LEYNER: Een opvlieger die ervoor zorgt dat een doorgaans redelijk iemand besluit dat moorden praktischer is dan scheiden...

LEYNER: Gaan we niet een wereld tegemoet waarin bejaardentehuizen worden bevolkt door verlepte oude wijven met enorme, perfecte borsten en gebochelde kwijlende kerels die in die tent hun best doen hun borstimplantaten mee te slepen.

GOLDBERG: Allebei vol tatoeages die inmiddels lijken op prehistorische grottekeningen.

LEYNER: Precies!!!

GOLDBERG: Maar dan lijkt dat blauwe haar tenminste eerder hip dan eng...

GOLDBERG: Misschien ook niet.

Waarom kunnen oude mensen zo slecht autorijden?

Onze bevolking vergrijst. Op dit moment is zo'n 12 procent van de totale Amerikaanse bevolking boven de vijfenzestig. In 2050 zullen er naar schatting 87,6 miljoen bejaarden zijn in de Verenigde Staten, wat neerkomt op 21 procent van de totale bevolking. Ik hoop maar dat ze dan niet voor me rijden. Wacht even... daar hoor ik dan zelf bij!

Het is waar dat oudere automobilisten meer kans lopen op ongelukken waar meerdere auto's bij betrokken zijn, meer kans hebben op bekeuringen en meer kans lopen ernstig gewond te raken dan jonge automobilisten. Eén theorie is dat ze hun rijvaardigheid overschatten en hun fouten minder goed kunnen compenseren.

Er zijn ook medische redenen waarom oudere automobilisten minder bedreven zijn achter het stuur. Om te beginnen hebben bejaarden te kampen met gangbare oogproblemen. Het verlies van een goed gezichtsvermogen (met name in het donker) is een probleem, en zelfs mét correctie zijn het omgevingszicht, het contrastzicht en het waarnemen van diepte meestal een stuk minder. Vanwege een slechter gehoor zullen automobilisten minder goed belangrijke signalen horen zoals sirenes, toeters of zelfs piepende banden. Beperkte mobiliteit, zwakheid en verminderde reactietijd dragen ook bij aan de rijproblemen.

Bestaat er echt een remedie tegen rimpels?

De enige manier om rimpels te voorkomen is niet oud worden of jezelf invriezen, net als Austin Powers. Anders moet je zonnebrand- en vochtinbrengende crèmes blijven gebruiken. Om rimpels te beperken of bij te werken zijn er verschillende opties.

Tretinoïne (retine-A) is het enige plaatselijk werkende medicijn waarvan door gecontroleerde klinische onderzoeken duidelijk is bewezen dat het rimpels vermindert. Het is ook het enige medicijn dat door de FDA is goedgekeurd voor dit doeleinde. Tretinoïne verhoogt de gevoeligheid voor zonlicht, en daarom wordt bij gebruik bescherming tegen de zon, beschermende kleding en zonnebrandcrème aangeraden. Bijwerkingen zijn een schilferige, droge huid, jeuk en roodheid.

In veel vrij verkrijgbare crèmes zitten ook hydroxyzuren en er is bewijs dat dat kan helpen bij het verminderen van kleine rimpeltjes. De hoeveelheid en soort hydroxyzuur in de diverse producten verschilt sterk: ze boeken dan ook wisselend resultaat.

Andere, drastischer maatregelen zijn een chemische peeling en laserbehandelingen van de huid. Het korte antwoord op de vraag is echter: nee, niet echt.

Kan aluminium Alzheimer veroorzaken?

Als aluminium Alzheimer kan veroorzaken, had de Blikken Man uit *De tovenaar van Oz* dan geen hersenen nodig gehad in plaats van een hart?

Je krijgt onvermijdelijk aluminium binnen. Het zit voornamelijk in voedsel, water en medicijnen, zoals *antacidums* (tegen maagzuur). Het komt van nature voor, maar ook als toevoeging. Verder kan het in ons voedsel terechtkomen van de pannen waarin we koken. Aluminium wordt al sinds de jaren zestig in verband gebracht met de ziekte van Alzheimer. Op bijna elk onderzoek dat pleit voor een verband tussen de twee is er wel een dat dat tegenspreekt. Zoals bij zo veel wetenschappelijke theorieën blijven veel vragen onbeantwoord. Inmiddels zijn de meeste wetenschappers van mening dat áls aluminium al een rol speelt bij Alzheimer, het een heel kleine is.

Wat betekent dat voor ons? Dat we opgelucht adem kunnen halen. Na zuurstof en silicium is aluminium het meest voorkomende element in onze wereld, dus is het bijzonder lastig om aluminium volledig te vermijden. Als je wél wilt proberen aluminium te vermijden, kun je gefilterd water drinken, geen deodorant gebruiken die aluminium bevat, en heel goed opletten als je zuur of basisch eten klaarmaakt in aluminiumhoudende pannen.

Mocht je een kruistocht tegen aluminium willen beginnen, dan hopen we dat je consequent bent. Niets is vervelender dan mensen die je de les lezen over biologisch voedsel terwijl ze een sigaret zitten te roken.

00.55

GOLDBERG: Ben je daar?

GOLDBERG: Zullen we er een punt achter zetten?

LEYNER: Als ik oud en incontinent genoeg ben, wil ik in zo'n mand voor huisdieren naar de dokter worden gebracht... als een kat... en daar worden achtergelaten.

LEYNER: En dan wil ik worden gekookt en ingeblikt.

LEYNER: Mijn versie van een faraomonument... in plaats van mummificeren... inblikken...

GOLDBERG: Dan kan je hele familie op de bovenste keukenplank een blikje bewaren, naast de cornedbeef.

LEYNER: Precies... een passend eerbetoon.

LEYNER: Dat lijkt een soort afronding van dit alles: ouder worden, familie, kannibalisme en het najagen van een gezond bestaan.

GOLDBERG: De cirkel is rond.

Woord van dank

Billy:
Ik ben de volgende mensen enorm veel dank verschuldigd: mijn familie omdat ze me hebben gesteund in al die jaren dat ik ze over dit idee aan hun kop heb gezeurd, mijn vrienden omdat ze me idiote medische vragen stelden, en mijn beeldschone, fantastische vrouw Jessica omdat ze het heeft uitgehouden met al mijn nukken en me de kracht heeft gegeven dit boek eindelijk te schrijven.

Mark:
Ik wil mijn fantastische en wijze vriend Billy Goldberg bedanken, die vrijwel al het werk aan dit boek heeft verricht en het vervolgens best vond dat ze mijn naam op het omslag naast de zijne zetten.

Samen willen we Amanda Urban en Judi Laghi van ICM bedanken, onze redactrice Carrie Thornton en iedereen van One Jefe Productions.